영화보다 생생한
공룡 대백과

2025년 01월 25일 1판 4쇄 **펴냄**
2022년 06월 25일 1판 1쇄 **펴냄**

펴낸곳 (주)효리원
펴낸이 윤종근
글쓴이 HR기획
그린이 최광섭, 조성덕 외
등록 1990년 12월 20일 · **번호** 2-1108
우편 번호 03147
주소 서울시 종로구 삼일대로 457, 406호
전화 02)3675-5222 · **팩스** 02)765-5222
ⓒ 2022, (주)효리원
잘못 만들어진 책은 구입하신 서점에서 바꾸어 드립니다.
ISBN 978-89-281-0725-4 74400

이메일 hyoreewon@hyoreewon.com
홈페이지 www.hyoreewon.com

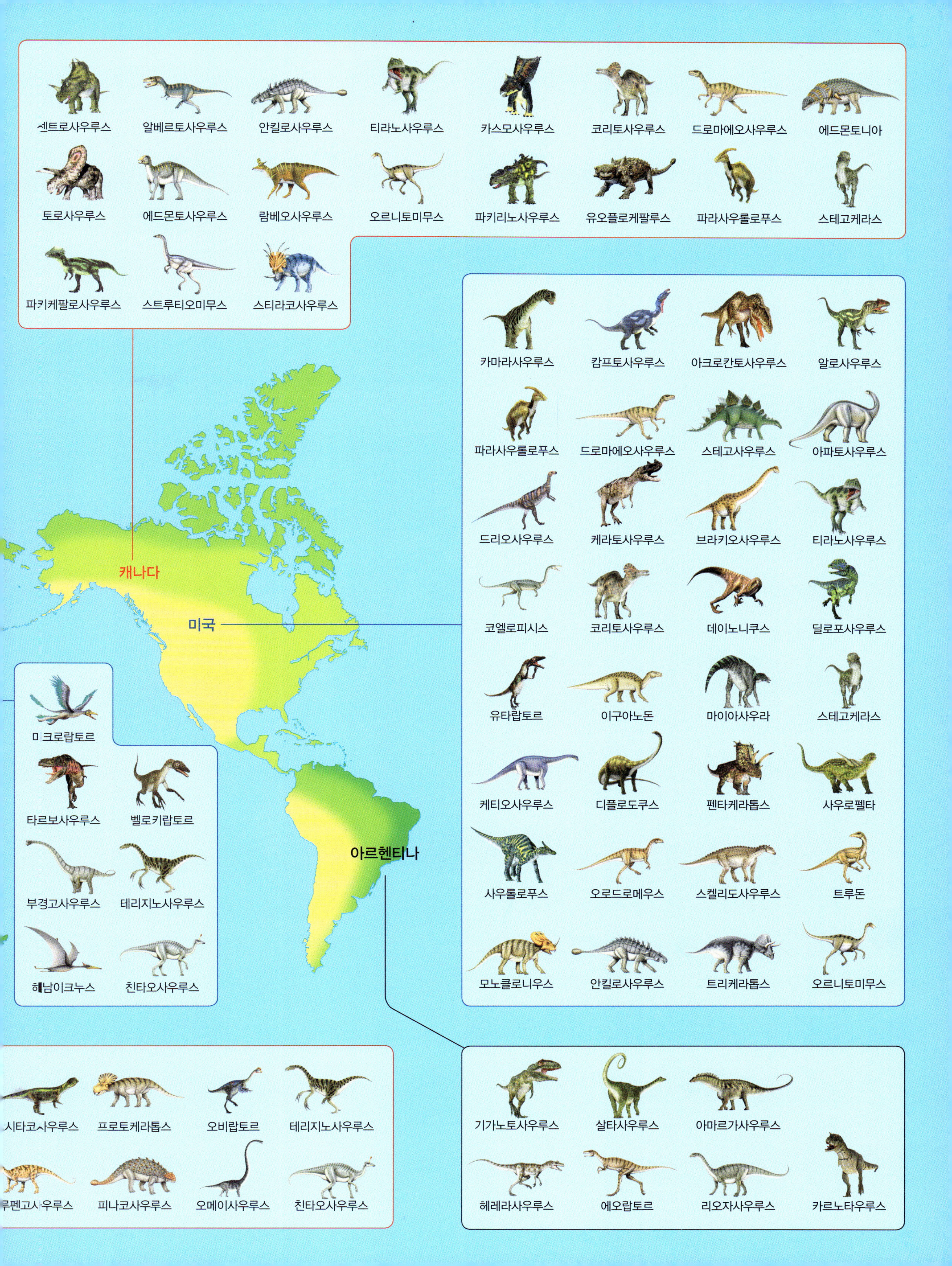

센트로사우루스
알베르토사우루스
안킬로사우루스
티라노사우루스
카스모사우루스
코리토사우루스
드로마에오사우루스
에드몬토니아
토로사우루스
에드몬토사우루스
람베오사우루스
오르니토미무스
파키리노사우루스
유오플로케팔루스
파라사우롤로푸스
스테고케라스
파키케팔로사우루스
스트루티오미무스
스티라코사우루스
캐나다
미국
카마라사우루스
캄프토사우루스
아크로칸토사우루스
알로사우루스
파라사우롤로푸스
드로마에오사우루스
스테고사우루스
아파토사우루스
드리오사우루스
케라토사우루스
브라키오사우루스
티라노사우루스
코엘로피시스
코리토사우루스
데이노니쿠스
딜로포사우루스
유타랍토르
이구아노돈
마이아사우라
스테고케라스
케티오사우루스
디플로도쿠스
펜타케라톱스
사우로펠타
사우롤로푸스
오로드로메우스
스켈리도사우루스
트루돈
모노클로니우스
안킬로사우루스
트리케라톱스
오르니토미무스
미크로랍토르
타르보사우루스
벨로키랍토르
부경고사우루스
테리지노사우루스
해남이크누스
친타오사우루스
아르헨티나
시타코사우루스
프로토케라톱스
오비랍토르
테리지노사우루스
루펜고사우루스
피나코사우루스
오메이사우루스
친타오사우루스
기가노토사우루스
살타사우루스
아마르가사우루스
헤레라사우루스
에오랍토르
리오자사우루스
카르노타우루스

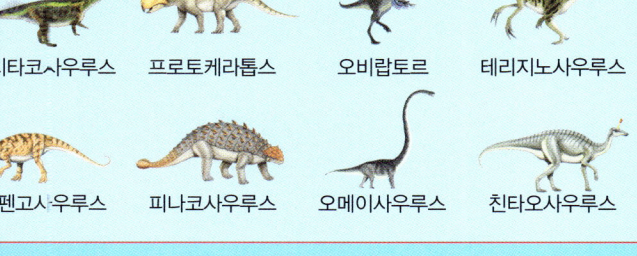

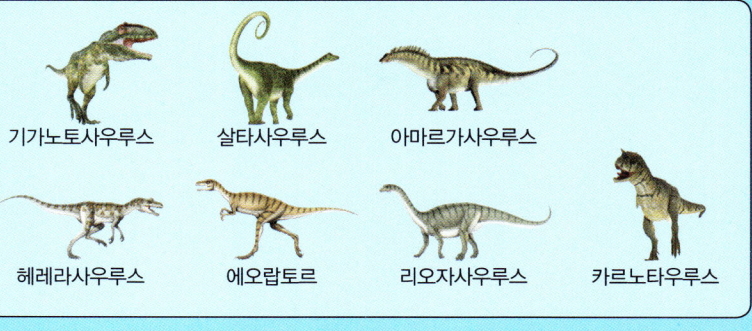

공룡 분류표

공룡의 엉덩이뼈 모양이 도마뱀을 닮은 것을 용반류, 새와 비슷한 것을 조반류라고 해요.

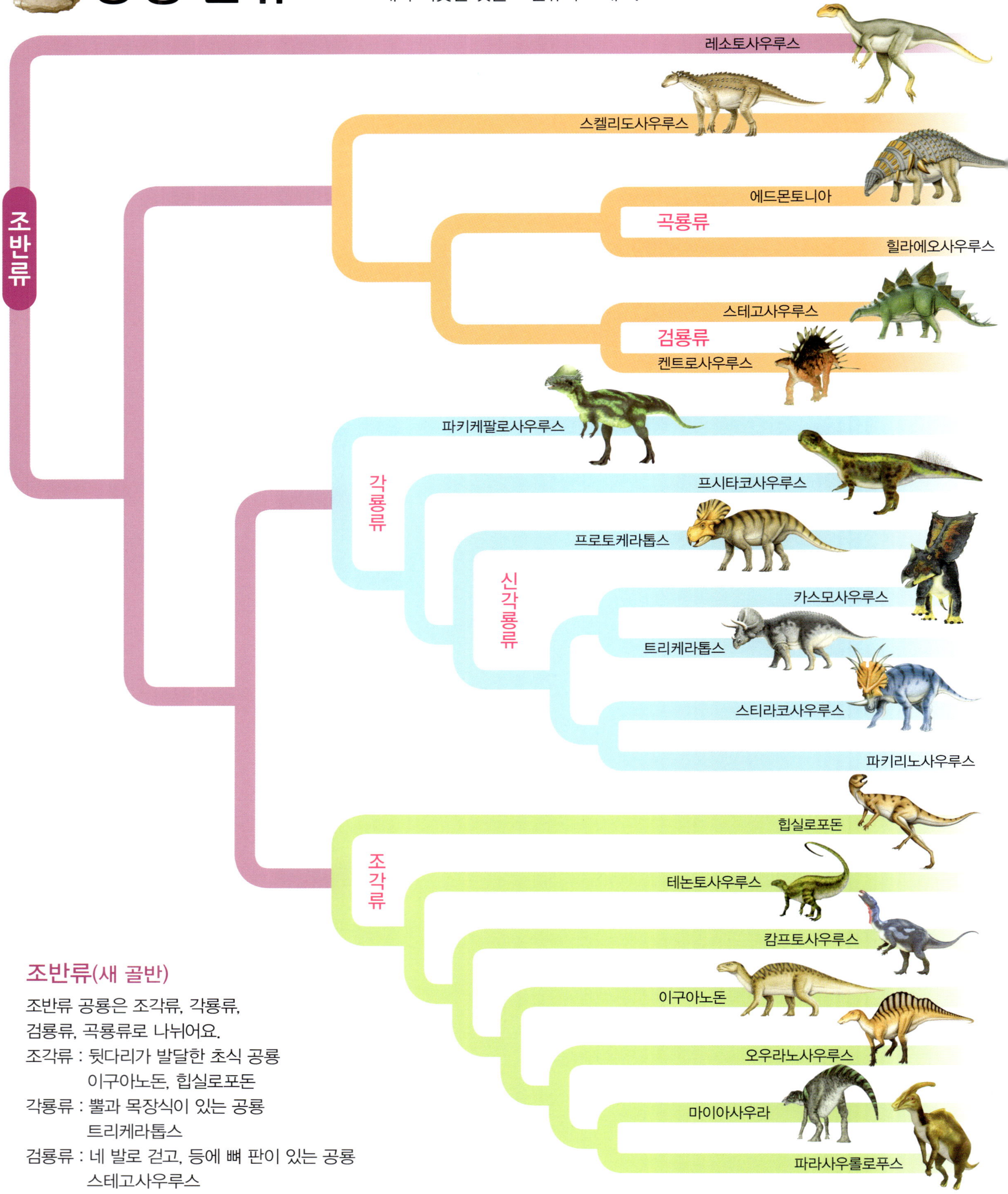

조반류

- 레소토사우루스
- 스켈리도사우루스
- **곡룡류**
  - 에드몬토니아
  - 힐라에오사우루스
- **검룡류**
  - 스테고사우루스
  - 켄트로사우루스
- **각룡류**
  - 파키케팔로사우루스
  - 프시타코사우루스
  - **신각룡류**
    - 프로토케라톱스
    - 카스모사우루스
    - 트리케라톱스
    - 스티라코사우루스
    - 파키리노사우루스
- **조각류**
  - 힙실로포돈
  - 테논토사우루스
  - 캄프토사우루스
  - 이구아노돈
  - 오우라노사우루스
  - 마이아사우라
  - 파라사우롤로푸스

조반류(새 골반)

조반류 공룡은 조각류, 각룡류, 검룡류, 곡룡류로 나뉘어요.
조각류 : 뒷다리가 발달한 초식 공룡
　　　　이구아노돈, 힙실로포돈
각룡류 : 뿔과 목장식이 있는 공룡
　　　　트리케라톱스
검룡류 : 네 발로 걷고, 등에 뼈 판이 있는 공룡
　　　　스테고사우루스
곡룡류 : 네 발로 걷고, 온몸에 갑옷을 두른 공룡
　　　　에드몬토니아, 힐라에오사우루스

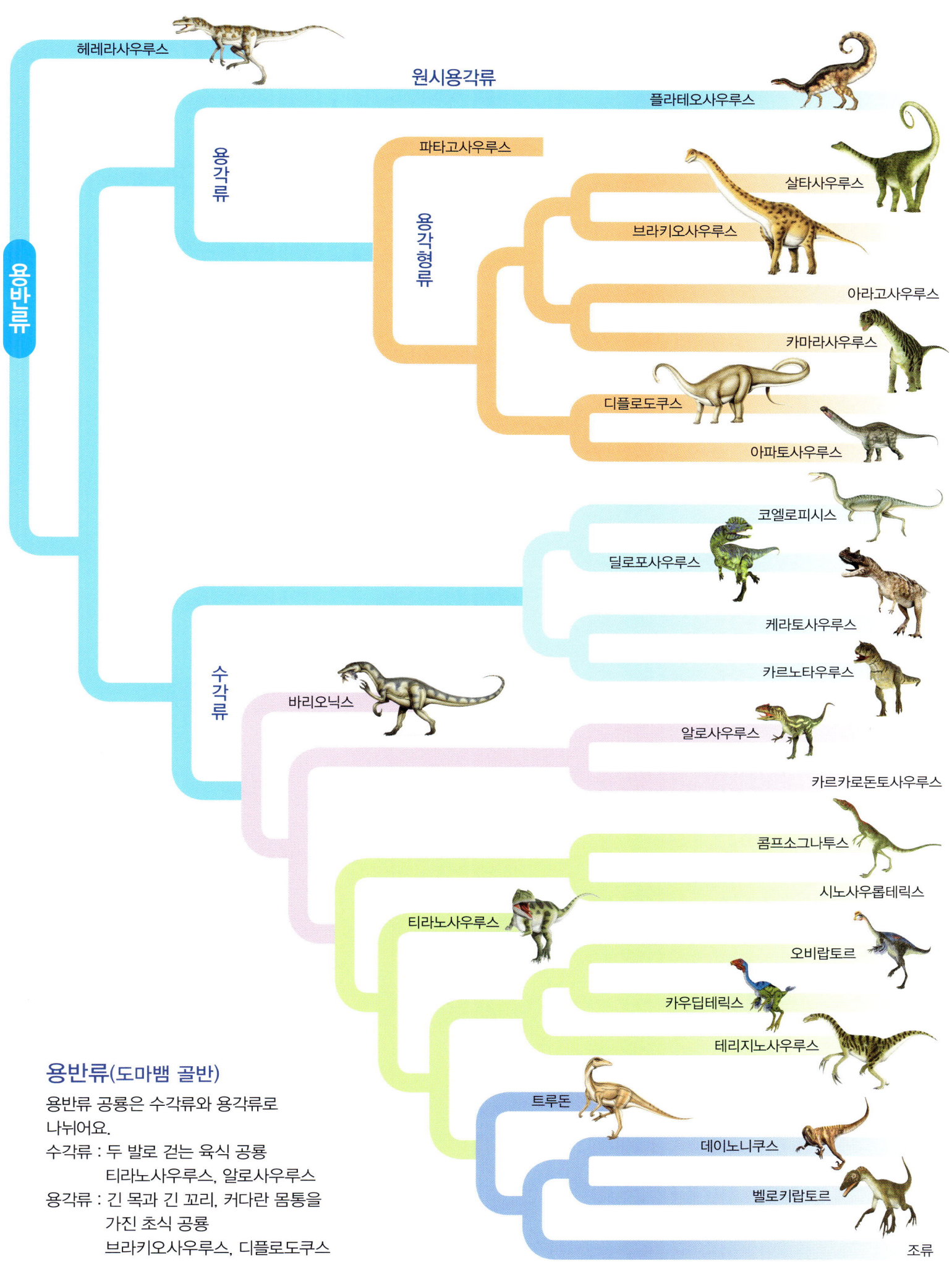

영화보다 생생한
공룡 대백과

HR기획 글 / 최광섭 외 그림

차례

공룡 시대 ... 12
공룡이 살던 때의 지구는 어떤 모습이었나요? ... 14
공룡은 언제 살았나요? ... 15
공룡이란 무엇인가요? ... 16

공룡의 종류 ... 18

트라이아스기 ... 20
레소토사우루스 ... 22
루펜고사우루스 ... 24
리오자사우루스 ... 26
에오랍토르 ... 28
코엘로피시스 ... 30
테코돈토사우루스 ... 32
플라테오사우루스 ... 34
헤레라사우루스 ... 36
티라노사우루스의 화석 ... 38

쥐라기 ... 40
디크레오사우루스 ... 42
디플로도쿠스 ... 44
딜로포사우루스 ... 46
마멘키사우루스 ... 48
메갈로사우루스 ... 50
브라키오사우루스 ... 52
슈노사우루스 ... 54
스켈리도사우루스 ... 56
스테고사우루스 ... 58
아파토사우루스 ... 60
알로사우루스 ... 62
오르니톨레스테스 ... 64
카마라사우루스 ... 66
케라토사우루스 ... 68
켄트로사우루스 ... 70
콤프소그나투스 ... 72
크리올로포사우루스 ... 74
투오지앙고사우루스 ... 76

헤테로돈토사우루스	78
휴양고사우루스	80
육식 공룡의 특징	82
초식 공룡의 특징	84

백악기 ... 86

갈리미무스	88
기가노토사우루스	90
데이노니쿠스	92
미크로랍토르	94
벨로키랍토르	96
스티기몰로크	98
시노케라톱스	100
아크로칸토사우루스	102
안킬로사우루스	104
오비랍토르	106
이구아노돈	108
카르노타우루스	110
타르보사우루스	112
테논토사우루스	114
테리지노사우루스	116
트루돈	118
트리케라톱스	120
티라노사우루스	122
파라사우롤로푸스	124
파키케팔로사우루스	126
육식 공룡은 무엇을 먹고 살았을까요?	128
초식 공룡은 무엇을 먹고 살았을까요?	130
공룡 기네스	132

공룡 시대의 다른 동물들 ... 134

하늘을 나는 익룡	136
바다도마뱀 · 바다거북 · 시조새	137

공룡의 멸종 ... 138

용어 설명	140
찾아보기	141

공룡 시대

지구 역사상 가장 거대하고 놀라운 동물, 공룡!
약 2억 2800만 년 전부터 약 6500만 년 전까지 무려 1억 6000만 년
이상 지구를 지배한 놀라운 동물, 공룡! 그 공룡이 살던 때의
지구는 어떤 모습이었을까요? 또 어떤 생물들이 살았을까요?
먹고 먹히며 숨막히게 사냥하는 모습은 물론 지구에서 어떻게
사라졌는지까지, 그 생생하고 놀라운 신비의 세계로
여러분을 초대합니다!

레소토사우루스

공룡이 살던 때의 지구는 어떤 모습이었나요?

지구는 약 46억 년 전에 태어났어요. 지구 표면에 지각이 만들어진 이후부터 지금까지를 '지질 시대'라고 해요. 지질 시대는 선캄브리아대, 고생대, 중생대, 신생대로 나뉘어요.

공룡이 살던 때는 중생대예요. 중생대는 다시 트라이아스기, 쥐라기, 백악기로 나뉜답니다. 공룡이 처음으로 모습을 드러낸 트라이아스기 때는 거대한 바다인 '판달랏사'와 '판게아'라는 이름의 땅덩이 하나가 전부였어요. 시간이 흐르면서 땅속 용암이 심하게 움직이자 판게아 대륙이 조금씩 갈라지기 시작했어요.

쥐라기가 되면서 대륙은 더 잘게 나뉘어졌어요. 덕분에 각 대륙의 환경에 맞는 다양한 종류의 공룡 무리가 번성하게 되었지요.

백악기에 들어서면서부터 지구는 서서히 지금의 모습을 갖추기 시작했답니다.

트라이아스기

공룡은 트라이아스기 때 처음으로 나타났어요. 이때 등장한 공룡들은 에오랍토르와 같은 작은 초기 공룡들이에요. 날씨는 무척 덥고 건조했으며, 사막이 많았어요. 따라서 식물은 건조한 환경에 잘 적응하는 양치식물·은행나무·소철 같은 겉씨식물이 번성했어요. 거미·지네·전갈 등이 번성하기 시작하였고, 초기의 개구리·악어·도마뱀·바다거북 등도 나타났어요. 바다에는 이크티오사우루스 같은 바다 파충류들이 번성했으며, 익룡의 조상도 이때 나타났어요.

트라이아스기 때의 지구는 거대한 땅덩이 하나가 전부였어요.

쥐라기

공룡은 쥐라기 때 크게 번성했어요. 브라키오사우루스 같은 큰 공룡들이 나타났으며, 공룡의 종류도 다양해졌지요. 기후는 매우 덥고 습도도 높았어요. 큰 나무나 고사리, 작은 식물들이 사막에까지 퍼져 사막을 울창한 숲으로 만들었어요. 딱정벌레·파리 등이 등장하였고, 악어가 다양하게 번성했어요. 해수면이 높아지면서 바다에는 거대한 바다 파충류가 번성했고, 조개나 굴도 진화했어요. 쥐라기 후기에는 시조새가 나타났고, 초기의 새, 포유류 등도 있었어요.

쥐라기가 되면서 땅덩이가 조금씩 갈라지기 시작했어요.

| 2억 5217만 년 전 | 트라이아스기 | 2억 130만 년 전 | 쥐라기 |

공룡은 언제 살았나요?

지구에는 약 35억 년 전부터 원시적인 생명체가 나타나 살기 시작했어요.

그럼 공룡은 언제 살았을까요? 공룡은 2억 2800만 년 전인 중생대 트라이아스기 후기에 처음 모습을 드러냈어요.

공룡도 처음에는 존재가 미약했어요. 그런데 트라이아스기 말기에 육지와 바다의 많은 종들이 멸종을 했어요. 그 바람에 공룡은 쥐라기로 접어들면서 종류도 매우 다양해지고 크게 번성하여 지구의 지배자가 되었답니다.

화려한 전성기를 누리던 공룡은 약 6500만 년 전인 백악기 말기에 멸종했어요. 무려 1억 6000만 년 이상 지구의 주인 노릇을 했지요.

공룡이 왜 갑자기 멸종했는지는 여러 가지로 추측할 뿐 아직 정확한 원인이 밝혀지지는 않았답니다.

백악기

공룡의 종류가 가장 많았던 때예요. 대륙이 서로 분리되면서 각 지역 환경에 맞게 공룡들이 다양하게 진화했어요. 뿔 달린 공룡을 비롯한 새로운 종류가 많이 생겼어요. 기후는 더욱 따뜻해졌어요. 백악기에 들어 속씨식물은 번성해 가고, 겉씨식물들은 많이 사라지게 되었어요. 꽃식물은 나타났지만, 풀은 아직 지구상에 나타나지 않았어요. 백악기 말기가 되자 바다에서는 이크티오사우루스, 모사사우루스 등이 멸종하였고, 육지에서는 익룡과 공룡 등이 멸종하였어요.

백악기에 이르러 오늘날과 비슷한 지구의 모습이 되었어요.

1억 4500만 년 전 — 백악기 — 6600만 년 전

공룡이란 무엇인가요?

 '공룡'이란 '무서운 도마뱀'이라는 뜻이에요. 영국의 리처드 오언이 붙여 준 이름이지요. 공룡은 1억 6000만 년 동안이나 지구를 지배했던 무시무시한 동물이에요. 자, 이제 공룡은 어떤 동물인지, 또 어떻게 지구를 지배할 수 있었는지 자세히 살펴볼까요?

공룡은 파충류예요

 공룡은 척추와 네 다리가 있었어요. 눈구멍 뒤에는 위아래로 구멍이 두 쌍 더 있었고, 온몸이 물에 젖지 않는 비늘로 덮여 있었어요. 악어와 같은 파충류로, 알을 낳았어요. 지금 살아 있는 동물 중에서는 악어나 새에 가장 가까웠어요.

다리가 몸통 아래에 붙어 있어요

 악어 같은 파충류는 다리가 몸통 옆에 붙어 있어요. 그래서 몸이 커질 수도 없고 빨리 움직일 수도 없지요. 하지만 공룡은 발이 몸통 아래에 붙어 있어서 똑바로 서서 걸을 수 있었어요. 덕분에 몸집도 점점 커지고, 재빨리 움직일 수 있었지요. 공룡이 지구를 지배할 수 있었던 것은 똑바로 서서 재빨리 사냥할 수 있었기 때문이랍니다.

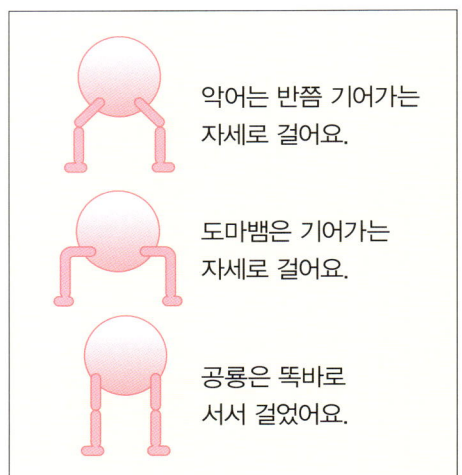

악어는 반쯤 기어가는 자세로 걸어요.

도마뱀은 기어가는 자세로 걸어요.

공룡은 똑바로 서서 걸었어요.

기가노토사우루스

투오지앙고사우루스

다시 트라이아스기, 쥐라기, 백악기로 나눌 수 있지요. 우리가 살고 있는 지금은 신생대예요.

공룡은 중생대에 살았는데, 2억 2800만 년 전부터 6500만 년 전까지, 약 1억 6000만 년 이상 지구를 지배했어요.

땅 위에서 살았어요

하늘을 나는 익룡, 바다에 사는 어룡·수장룡과 달리 공룡은 땅 위에서만 살았어요.

중생대에만 살았어요

지구의 역사를 지질 시대로 구분하면 선캄브리아기, 고생대, 중생대, 신생대로 나눌 수 있어요. 중생대는

백악기 말기에 멸종했어요

공룡이 멸종한 것은 백악기 말기예요. 갑자기 무슨 이유로 사라졌는지는 아직도 밝혀지지 않았어요.

디모르포돈

크리올로포사우루스

테리지노사우루스

오비랍토르　　트리케라톱스

공룡의 종류

공룡은 먹이에 따라 초식성, 육식성, 잡식성으로 나누기도 하고, 골반 모양에 따라 용반류와 조반류로 나누기도 해요. 골반 모양이 도마뱀과 비슷하면 용반류, 새와 비슷하면 조반류라고 하지요. 티라노사우루스, 벨로키랍토르 등 육식 공룡은 대표적인 용반류 공룡이에요. 이구아노돈, 안킬로사우루스, 스테고사우루스 같은 초식 공룡들은 조반류에 속한답니다. 공룡은 닭만 한 공룡에서 빌딩보다 큰 공룡까지 아주 다양했어요. 그럼 지금부터 중생대 지구를 지배한 공룡에는 어떤 공룡이 있는지 한번 만나 볼까요?

벨로키랍토르

안킬로사우루스

중생대의 첫 시대! 파충류인 공룡의 출현!

트라이아스기
Triassic Period

코엘로피시스

레소토사우루스

플라테오사우루스

공룡은 트라이아스기에 처음 나타났어요.
이 시기의 대표적인 공룡은 에오랍토르나 코엘로피시스 같은
작은 크기의 육식 공룡과 플라테오사우루스처럼
몸길이가 9미터나 되는 큰 초식 공룡이랍니다!

헤레라사우루스

테코돈토사우루스   에오랍토르

레소토사우루스
Lesothosaurus

레소토사우루스란 '레소토 도마뱀'이라는 뜻이에요. 이 공룡의 화석이 아프리카 레소토에서 발견되었기 때문에 붙여진 이름이지요. 골반이 새처럼 생긴 공룡 중에서 가장 오래된 공룡이에요. 몸집이 작고 아주 민첩했어요. 뼈는 속이 비어 있어서 가벼웠지만, 튼튼했어요.

꼬리는 길고 날씬했어요. 재빨리 방향을 바꿀 때 꼬리가 몸의 중심을 잘 잡아 주었어요.

뒷다리가 길고 튼튼했어요.

얼마나 컸을까요?
길이 : 1미터 · 몸무게 : 10킬로그램

무엇을 먹었을까요?
초식

어디에서 살았을까요?
아프리카
(레소토, 남아프리카 공화국)

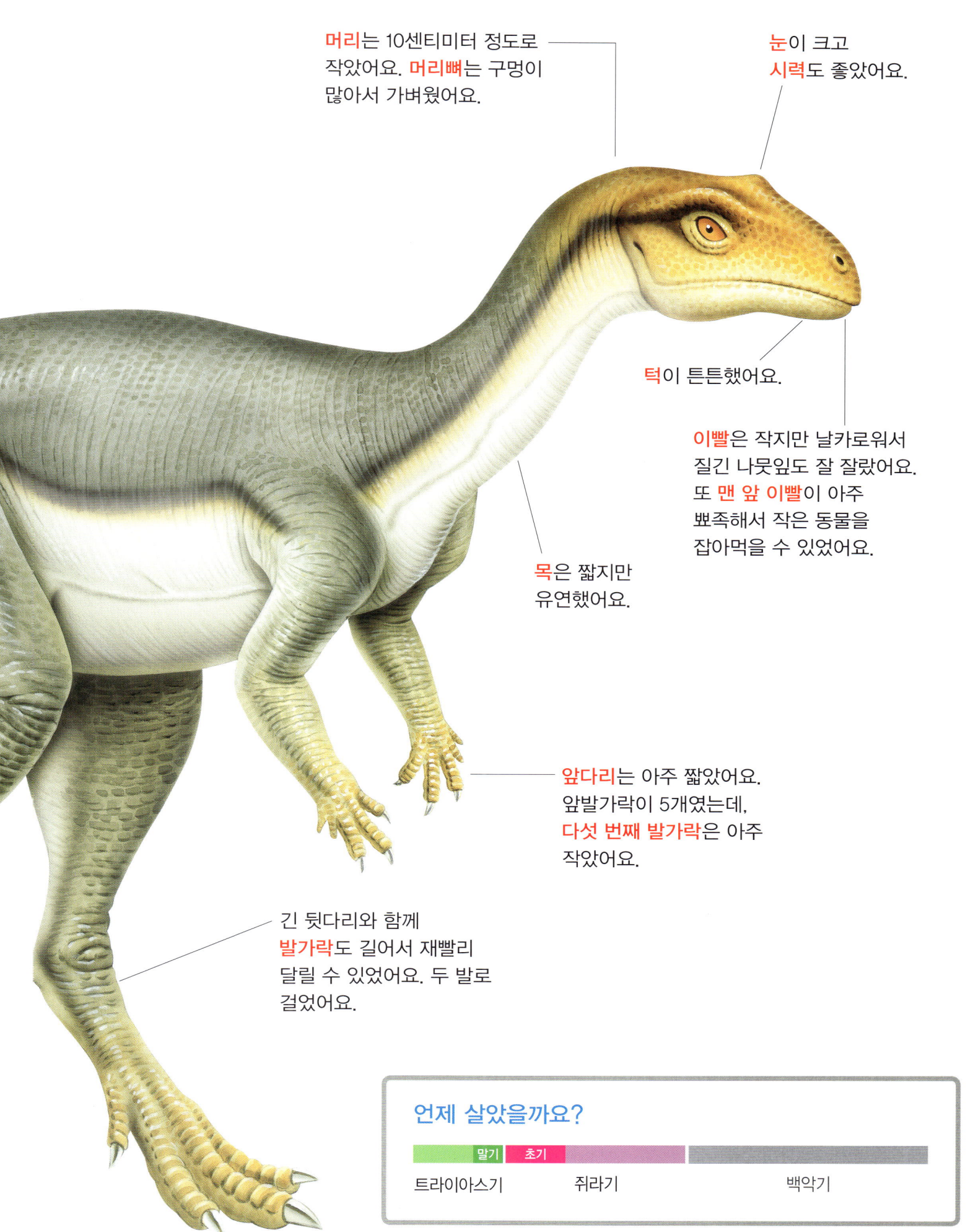

루펜고사우루스
Lufengosaurus

루펜고사우루스란 '루펜의 도마뱀'이라는 뜻이에요. 이 공룡의 화석이 중국의 루펜에서 발견되었기 때문에 붙여진 이름이에요. 몸집이 크고 무거우며 성질이 온순했어요. 네 발로 걷다가 높은 곳의 나뭇잎을 먹을 때는 뒷발로 설 수도 있었어요. 꼬리는 몸의 균형을 잡아 주었어요. 완전한 형태로 중국에서 처음 전시되었어요.

얼마나 컸을까요?
길이 : 6~7미터 · 몸무게 : 1~4톤

무엇을 먹었을까요?
초식

꼬리에는 50개 정도의 꼬리뼈가 있었어요. 걷거나 두 발로 설 때 꼬리가 몸의 균형을 잡아 주었어요.

평소엔 네 발로 걸었지만 높은 곳의 나뭇잎을 따 먹을 때는 **뒷발**로만 설 수도 있었어요.

언제 살았을까요?

트라이아스기	쥐라기	백악기
말기	초기	

어디에서 살았을까요?

아시아
(중국)

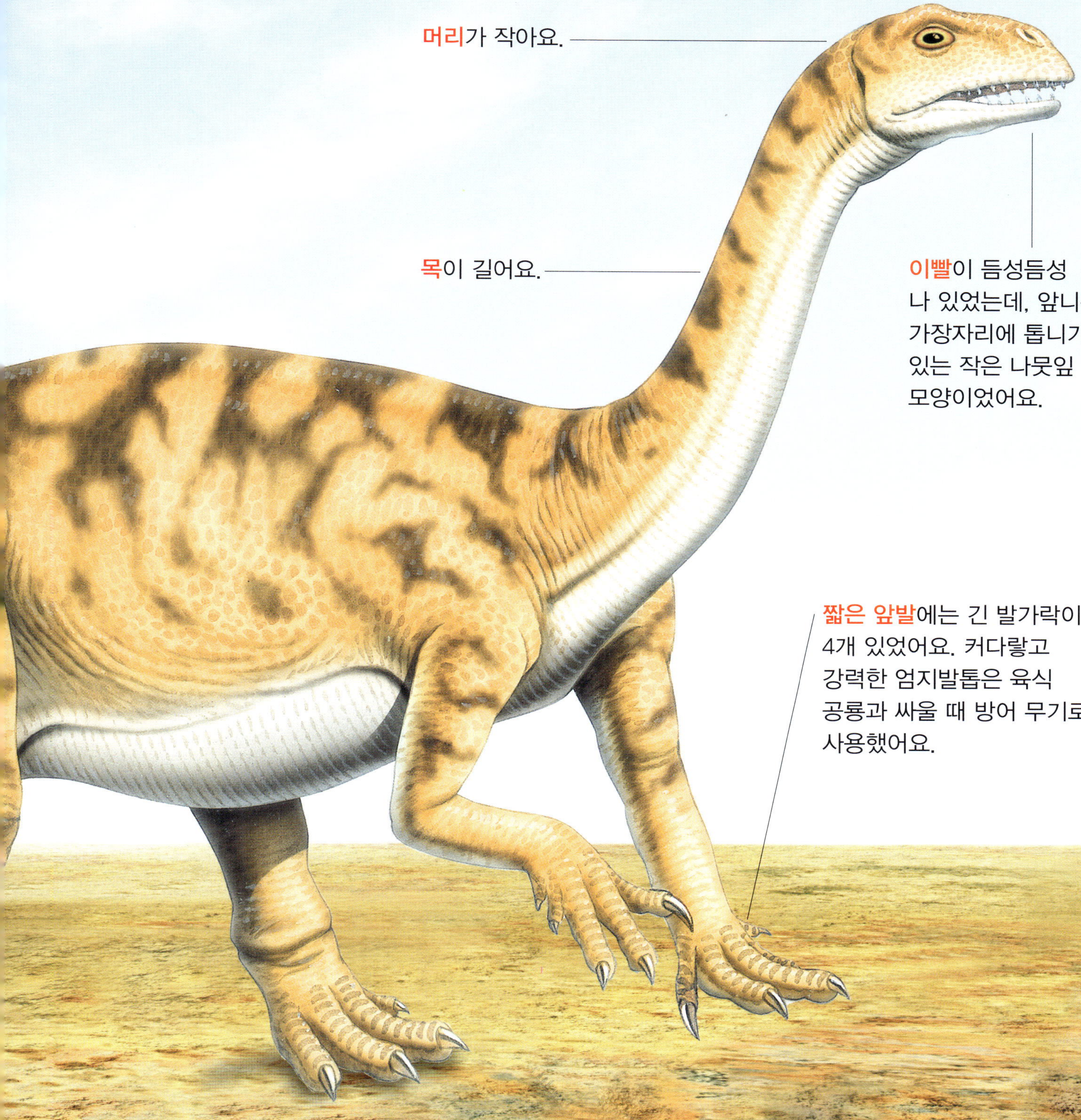

머리가 작아요.

목이 길어요.

이빨이 듬성듬성 나 있었는데, 앞니는 가장자리에 톱니가 있는 작은 나뭇잎 모양이었어요.

짧은 앞발에는 긴 발가락이 4개 있었어요. 커다랗고 강력한 엄지발톱은 육식 공룡과 싸울 때 방어 무기로 사용했어요.

리오자사우루스
Riojasaurus

리오자사우루스란 '리오자의 도마뱀'이라는 뜻이에요. 이 공룡의 화석이 아르헨티나의 리오자에서 발견되었기 때문에 붙여진 이름이에요. 원시 용각류 공룡의 조상으로 원시 용각류 중에서 몸집이 가장 컸어요. 몸이 무거워서 늘 네 발로 걸었고, 여럿이 무리를 지어 함께 모여 살았어요.

몸에 비해 **꼬리**가 길어요. 두 발로 서서 높은 곳에 있는 나뭇잎을 따 먹거나 육식 공룡을 위협할 때 이 꼬리가 몸의 균형을 잡아 주었어요.

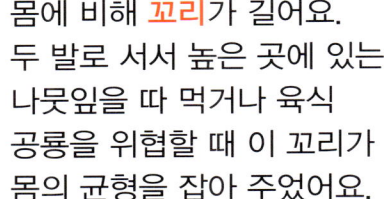

얼마나 컸을까요?
길이 : 11미터 · 몸무게 : 4.5톤

무엇을 먹었을까요?
초식

뒷다리가 앞다리보다 길어요. 발이 새처럼 생겼는데 큰 발톱이 있었어요.

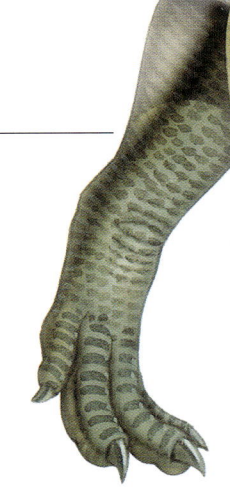

언제 살았을까요?

트라이아스기	쥐라기	백악기
말기 / 초기		

어디에서 살았을까요?

남아메리카
(아르헨티나)

등골뼈에 구멍이 있어서 몸무게를 줄일 수 있었어요.

숟가락 모양의 이빨이 나 있었어요.

목이 길었어요.

에오랍토르
Eoraptor

에오랍토르는 '새벽 도둑'이라는 뜻이에요. 몸집이 작고 날렵했던 에오랍토르는 가장 초기의 공룡이에요. 두 다리로 걸었는데, 뒷다리가 길고 재빨랐어요. 작지만 아주 사나운 사냥꾼으로 작은 곤충이나 도마뱀 등을 잡아먹었어요.

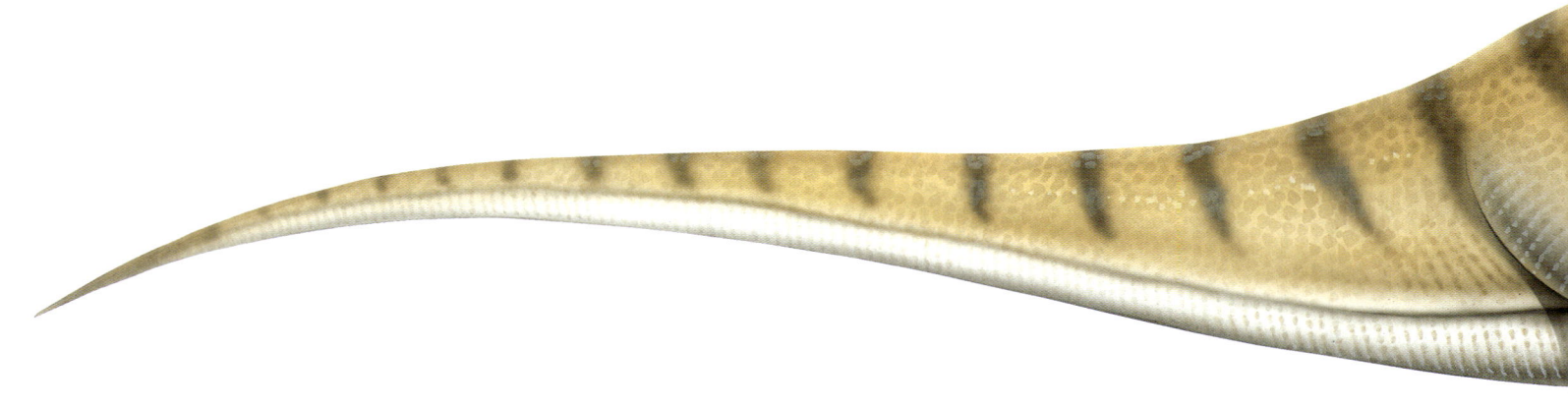

몸에 비해 **뒷다리**가 길었어요.

얼마나 컸을까요?
길이 : 1미터
몸무게 : 10킬로그램

무엇을 먹었을까요?
육식

언제 살았을까요?

| 트라이아스기 **말기** | 쥐라기 | 백악기 |

어디에서 살았을까요?

남아메리카
(아르헨티나)

머리 길이는 겨우 12센티미터밖에 안 되었어요.

나뭇잎 모양의 **이빨**과 톱니가 있는 **휘어진 이빨**이 함께 나 있었어요. 날카로운 이빨로 먹이를 쉽게 자를 수 있었어요.

앞발에는 발가락이 5개 있었는데, 다섯 번째 발가락은 아주 작았어요.

코엘로피시스
Coelophysis

코엘로피시스란 '뼛속이 비어 있다.'는 뜻이에요. 실제로 뼛속이 비어 있어서 몸이 아주 가벼웠어요. 이것은 아주 중요한 사실이에요. 공룡은 뼛속이 비어 있어서 빠르고 민첩하게 움직일 수 있었기 때문에 1억 6000만 년 동안이나 지구를 지배할 수 있었거든요. 뼈가 얇고 속이 비어서 가볍고 민첩했던 코엘로피시스는 도마뱀이나 작은 파충류를 주로 먹었어요. 하지만 여럿이 힘을 합쳐 큰 공룡도 잡아먹었어요. 그뿐만 아니라 동족의 새끼도 잡아먹는 잔인한 공룡이었어요. 배 속에 새끼 코엘로피시스의 뼈가 있는 화석이 미국에서 발견되기도 했어요.

길고 유연한 **꼬리**가 빨리 달릴 때 몸의 균형을 잘 잡아 주었어요.

뒷다리가 길고 튼튼해서 빨리 달릴 수 있었어요.

얼마나 컸을까요?
길이 : 2~3미터
몸무게 : 15~30킬로그램

무엇을 먹었을까요?
육식

언제 살았을까요?

트라이아스기	쥐라기	백악기
말기		

어디에서 살았을까요?

북아메리카
(미국)

머리가 길었어요.

목이 길고 유연했어요.

길고 좁은 **턱**에는 뒤로 휘어진 날카로운 **이빨**이 많이 나 있었어요.

앞다리는 매우 짧았는데 발가락이 4개였어요. 뾰족하고 휘어진 발톱으로 먹이가 도망가지 못하도록 꽉 잡을 수 있었어요.

테코돈토사우루스
Thecodontosaurus

테코돈토사우루스는 '소켓 이빨 도마뱀'이라는 뜻이에요.
영국에서 처음 화석이 발견되었는데, 건조한 언덕이나 산에서 살았어요.
주로 초식을 했지만, 일부 테코돈토사우루스는 육식도 하였어요.
매우 민첩하고 두 발로 달릴 수 있었어요. 또 머리와 시선을 고정하고
먹이를 쫓아갈 수 있어서 사냥을 잘했어요.

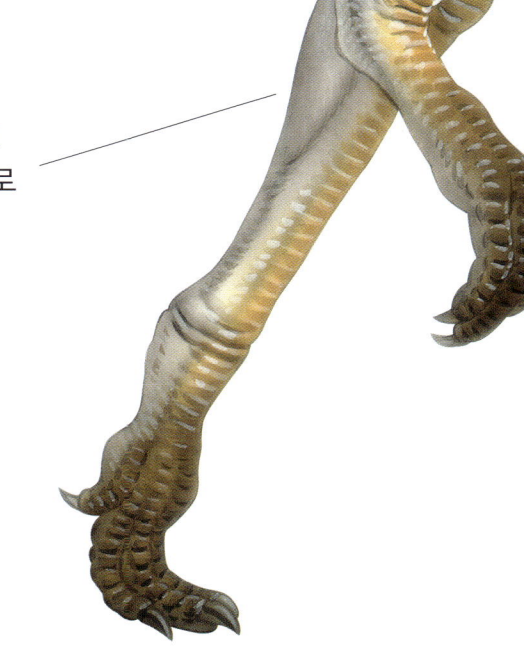

뒷다리가 가늘고 길었어요. 두 발로 빠르게 달릴 수 있었어요.

얼마나 컸을까요?
길이 : 2.1미터
몸무게 : 11킬로그램

무엇을 먹었을까요?
잡식

청력이 좋아서
사냥감이나 동료의
소리를 잘 감지하고
반응할 수 있었어요.

머리가 다른
원시 용각류들에
비해 컸어요.

목이 길었어요.

이빨이
많았어요.

언제 살았을까요?

트라이아스기	쥐라기	백악기
말기		

어디에서 살았을까요?

유럽
(영국)

33

플라테오사우루스
Plateosaurus

플라테오사우루스란 '평평한 도마뱀'이라는 뜻이에요. 이빨이 평평하고 납작해서 붙여진 이름이에요. 트라이아스기의 공룡 중에서 가장 큰 공룡이에요. 독일에서 이 공룡의 화석이 무더기로 발견되어 집단 생활을 했다는 것을 알 수 있어요. 머리뼈가 아주 단단하고, 코가 발달해서 냄새를 잘 맡았어요. 앞다리는 짧지만 튼튼했어요.

언제 살았을까요?

말기		
트라이아스기	쥐라기	백악기

코가 발달해서 냄새를 잘 맡았어요.

작고 좁은 **머리뼈**는 아주 단단했어요.

목이 길어요.

주둥이가 길어요.

이빨 가장자리에 톱니가 있어서 나무줄기나 질긴 나뭇잎도 잘 먹었어요.

앞다리는 짧지만 튼튼했어요. 낫처럼 생긴 **엄지발가락**은 먹이를 잡거나 육식 공룡과 싸울 때 방어 무기로 사용했어요.

길고 무거운 **꼬리**가 몸의 균형을 잘 잡아 주었어요. 싸울 때는 이 꼬리를 채찍처럼 휘둘러서 무기로 사용했어요.

얼마나 컸을까요?
길이 : 7~9미터
몸무게 : 1톤

무엇을 먹었을까요?
초식

어디에서 살았을까요?
유럽(독일, 스위스, 프랑스, 그린란드)

평소에는 네 발로 걷다가 높은 곳에 매달린 나뭇잎을 따 먹을 때는 **뒷다리**로만 일어섰어요. **뒷발톱**도 아주 강했어요.

헤레라사우루스
Herrerasaurus

헤레라사우루스란 '헤레라의 도마뱀'이라는 뜻이에요. 이 공룡 화석을 처음 발견한 사람의 이름을 따서 지은 거예요. 가장 원시적인 공룡 중 하나예요. 트라이아스기의 공룡 중에서는 가장 크고 힘이 센 공룡이에요. 사냥한 먹잇감을 통째로 삼킬 정도로 무서운 공룡이었답니다.

길고 뻣뻣한 **꼬리**가 달릴 때 몸의 균형을 잘 잡아 주었어요.

얼마나 컸을까요?
길이 : 3미터
몸무게 : 180킬로그램

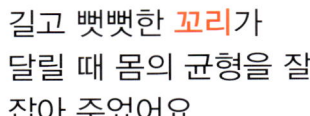

무엇을 먹었을까요?
육식

두 발로 걸었는데 **뒷다리**가 길고 속이 비어서 빠르고 날쌨어요.

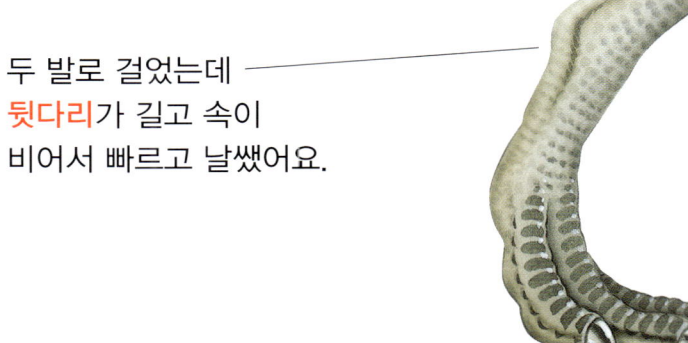

언제 살았을까요?

| 트라이아스기 | 쥐라기 | **말기** 백악기 |

어디에서 살았을까요?

남아메리카
(아르헨티나)

청각이 발달해서 소리를 잘 들을 수 있었어요.

머리가 길어요.

턱이 강해서 몸부림치는 먹잇감도 확실히 물 수 있었어요.

6센티미터 정도 되는 구부러진 **이빨**은 가장자리에 톱니가 있어 매우 날카로웠어요.

앞발은 짧지만 튼튼해서 먹잇감을 쥘 수도 있었어요.
발가락 5개 중 3개에만 강력하고 날카로운 발톱이 있었어요.

티라노사우루스 화석

화석이란?

동물이나 식물의 모습이 돌 속에 남아 있는 것을 '화석'이라고 해요. 또 발자국이나 배설물같이 생물이 살아 있을 때 남긴 흔적도 화석이라고 하지요. 화석은 전체 모습이 그대로 남아 있기도 하고, 일부분만 남아 있기도 해요. 1984년에 1만 마리의 마이아사우라 화석이 발견되었어요. 학자들은 화석을 이용해서 뼈와 근육, 내부 기관 등을 살려 내고 살을 붙여 온전한 몸을 만들어 낸답니다. 덕분에 아주 예전에 살았던 공룡의 모습을 알 수 있지요. 하지만 색깔은 화석으로 알 수가 없어요. 그래서 학자들은 공룡을 복원할 때 악어나 새 등 다른 동물들의 색깔을 참고한답니다.

몽골 고비사막에서 발견된 공룡의 배설물 화석. 배설물 화석을 통해 당시에 어떤 동물이 무엇을 먹고 살았는지 알 수 있어요.

티라노사우루스의 몸 전체 화석

티라노사우루스는 지금까지 알려진 육식 공룡 중에서 기가노토사우루스 다음으로 커요. 먹이를 사냥할 때는 튼튼한 뒷다리와 거대한 꼬리, 날카로운 이빨을 사용했어요. 또 턱이 강해서 다른 공룡을 물면 그 공룡의 뼈까지 부숴뜨렸어요.

티라노사우루스의 이빨

크고 강한 이빨이 무려 50~60개나 되어 상대의 뼈를 단번에 부러뜨릴 수 있었어요.

무려 20센티미터나 되었던 티라노사우루스의 **이빨**

공룡의 뼈
공룡의 뼈는 강하면서도 종종 속이 텅 비어 있거나 공기 구멍이 있어서 몸집에 비해 가벼웠어요. 또 진화하는 과정에서 꼭 필요한 뼈가 아닌 것은 사라지기도 했어요. 덕분에 공룡은 거대한 몸집에도 불구하고 빨리 움직일 수 있었어요.

티라노사우루스는 강한 **턱뼈** 덕분에 잡은 먹이는 절대로 놓치지 않았어요.

이빨 모양을 보면 무엇을 먹고 사는지 알 수 있어요. 초식 공룡은 나뭇잎을 자르거나 씹기 편하도록 이빨이 짧아요. 육식 공룡은 질긴 고기를 자르기 쉽게 이빨이 날카롭고 끝부분이 톱니같이 생겼어요.

티라노사우루스의 짧은 **앞발**은 무려 200킬로그램을 들어올릴 수 있을 정도로 힘이 셌어요.

치골
용반류 공룡은 치골이 앞을 향해 있지만, 조반류 공룡은 좌골과 나란히 뒤쪽을 향해 있어요.

엄청난 몸무게로 사냥을 하려면 **다리**가 튼튼해야 했지요.

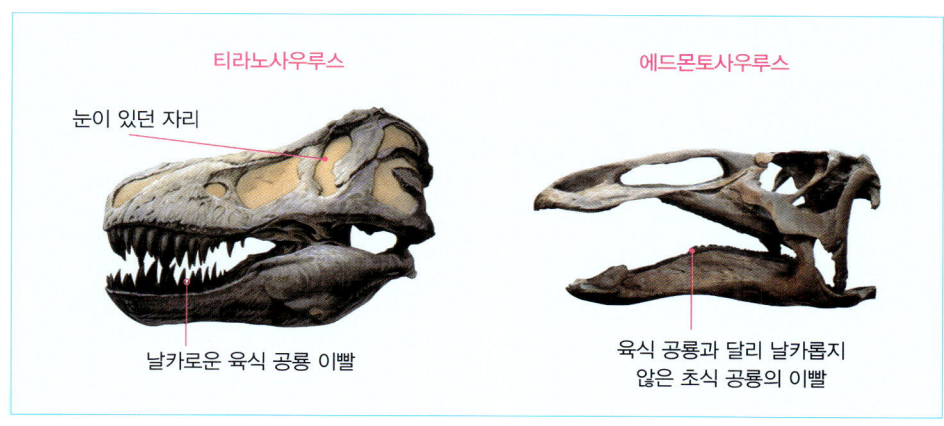

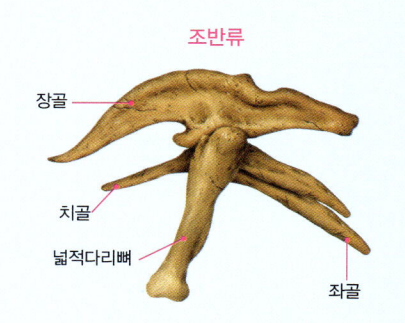

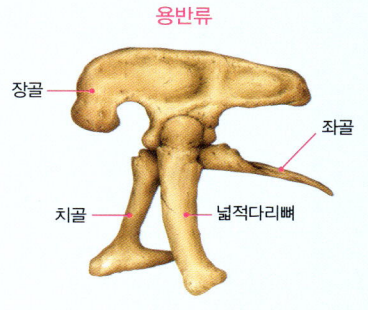

티라노사우루스의 머리뼈 화석

공룡을 연구하는 과학자들은 화석 한 개로 많은 것을 짐작하거나 알아낼 수 있어요. 예를 들어 티라노사우루스의 머리뼈 화석으로는 티라노사우루스의 몸집이 얼마나 컸는지, 얼마나 영리한 공룡이었는지 짐작할 수 있어요. 또 어떤 종류의 먹이를, 어떤 방법으로 사냥해 먹었는지도 알아낼 수 있어요. 티라노사우루스의 앞발이 짧은 것도 큰 머리 때문에 무게 중심이 상체로 쏠리는 것을 막기 위한 것으로 짐작할 수 있어요.

에드몬토사우루스의 머리뼈 화석

초식 공룡들은 눈이 머리 옆에 붙어 있어 시야가 넓었어요. 그래서 가까이 다가오는 적을 쉽게 발견할 수 있었지요. 이들의 이빨은 고기를 먹지 않기 때문에 육식 공룡처럼 날카로울 필요가 없었어요. 그 대신 톱니처럼 울퉁불퉁한 면으로 풀과 나뭇잎을 자르거나 훑어 삼켰답니다.

용반류와 조반류

공룡은 엉덩이뼈 구조에 따라 크게 용반류와 조반류로 나뉘어요. 골반 구조가 도마뱀과 비슷한 공룡은 용반류(도마뱀의 골반), 골반 구조가 새와 비슷한 공룡은 조반류(새의 골반)라고 해요.

모든 공룡의 골반은 장골, 치골, 좌골로 이루어져 있어요. 용반류 공룡은 등뼈와 연결된 장골이 크고 둥글며, 치골이 앞을 향해 있지만 좌골은 뒤쪽을 향해 있어요.

조반류 공룡은 치골이 좌골과 나란히 뒤쪽을 향해 있고요. 그래서 용반류 초식 공룡들이 네 다리로 움직이는데 반해 조반류 초식 공룡들은 두 발로 이동할 수 있었어요.

한 가지 재미있는 사실은, '새의 골반'을 가진 조반류가 새의 직접적인 조상은 아니라는 점이에요. 새의 직접적인 조상은 오히려 용반류 공룡에서 발견된답니다.

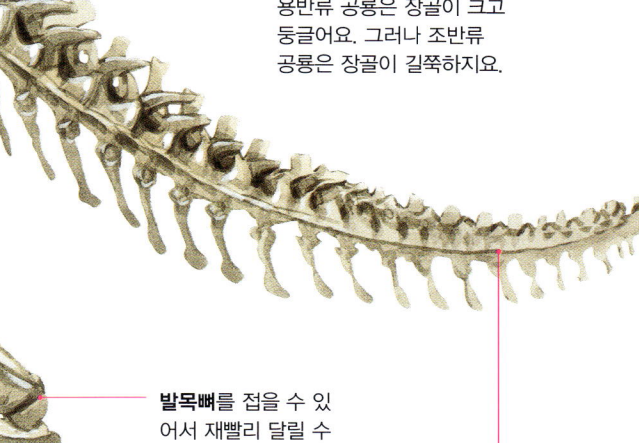

장골
용반류 공룡은 장골이 크고 둥글어요. 그러나 조반류 공룡은 장골이 길쭉하지요.

좌골

발목뼈를 접을 수 있어서 재빨리 달릴 수 있었어요.

티라노사우루스는 먹이를 잡기 위해 달리거나 방향을 바꿀 때 꼬리로 균형을 잡았어요. 가끔씩 **꼬리**로 먹이를 후려쳐서 기절시키기도 했어요.

공룡이 본격적으로 번성하기 시작한 때예요. 사막이 울창한 숲으로 변하면서 먹을 것이 많아져 디플로도쿠스나 브라키오사우루스처럼 몸집이 큰 초식 공룡이 등장했어요. 또 공룡의 종류도 다양해졌어요.

스테고사우루스
케라토사우루스
메갈로사우루스

디크레오사우루스
Dicraeosaurus

디크레오사우루스란 '등이 갈라진 도마뱀'이라는 뜻이에요. 불룩 솟은 등뼈에 양쪽으로 갈라진 돌기가 나 있었거든요. 이 공룡은 다른 용각류 공룡에 비해 몸집이 작고 목이 짧아요. 그래서 주로 낮은 곳에 자라는 식물을 먹었어요. 작은 돌을 삼켜서 위 속에서 돌들이 부딪히면서 먹이를 잘게 부숴 소화를 돕도록 했어요.

꼬리는 길고 튼튼해서 다른 공룡과 싸울 때 훌륭한 무기가 되었어요.

얼마나 컸을까요?
길이 : 12미터
몸무게 : 8~11톤

무엇을 먹었을까요?
초식

언제 살았을까요?	
트라이아스기	쥐라기 **말기** 백악기

어디에서 살았을까요?
아프리카
(탄자니아)

불룩 솟은 등뼈에 양쪽으로 갈라진 돌기가 있었어요.

다른 용각류에 비해 목이 짧았어요.

돌을 삼켜서 먹이를 소화시켰어요.

발톱이 날카로웠어요.

43

디플로도쿠스
Diplodocus

디플로도쿠스란 '두 개의 줄기'라는 뜻이에요. 등골뼈가 V자 모양으로 깊이 패어 있는데, 이것이 두 개로 나누어진 것처럼 보이기 때문에 이런 이름이 붙여졌어요. 몸집이 아주 크고 긴 공룡이에요. 목뼈나 등뼈 일부의 속이 비어 있어서 몸길이에

7~8미터나 되는 긴 목은 위아래로는 물론 좌우로도 자유롭게 움직일 수 있었어요. 덕분에 낮은 곳의 먹이뿐만 아니라 높은 곳의 먹이도 먹을 수 있었어요.

콧구멍이 머리 꼭대기와 눈 사이에 있었어요.

머리는 길이가 60센티미터 정도로 아주 작았어요.

못처럼 가늘고 긴 이빨이 주둥이 앞에만 나 있었어요. 나뭇잎이나 열매를 훑어 먹기에 알맞았어요.

얼마나 컸을까요?
길이 : 27~35미터
몸무게 : 16톤

무엇을 먹었을까요?
초식

앞발에 날카로운 발톱이 있어서 훌륭한 무기가 되었어요.

작은 돌멩이를 삼켜서 소화를 도왔어요.

언제 살았을까요?

트라이아스기 | 쥐라기 **말기** | 백악기

어디에서 살았을까요?

북아메리카
(미국)

비해 몸무게는 가벼웠어요. 하지만 가벼웠다는 말을 오해하지는 마세요. 몸무게가 16톤이나 된 공룡으로 어마어마하게 큰 공룡이었으니까요. 온순했으며 물가에 여럿이 모여 살았어요.

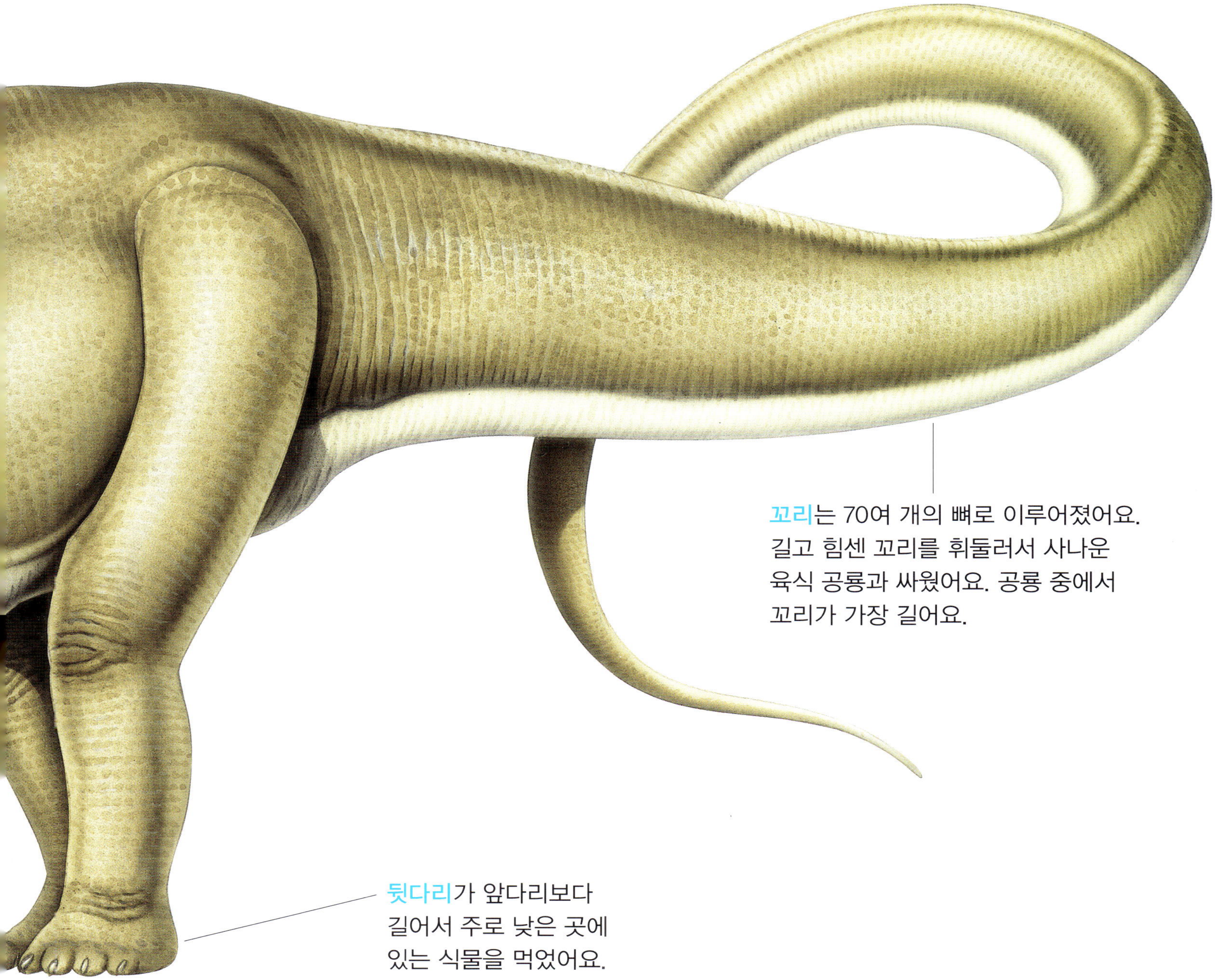

꼬리는 70여 개의 뼈로 이루어졌어요. 길고 힘센 꼬리를 휘둘러서 사나운 육식 공룡과 싸웠어요. 공룡 중에서 꼬리가 가장 길어요.

뒷다리가 앞다리보다 길어서 주로 낮은 곳에 있는 식물을 먹었어요.

딜로포사우루스
Dilophosaurus

딜로포사우루스란 '볏이 두 개 있는 도마뱀'이라는 뜻이에요. 콧구멍에서 머리 꼭대기까지 반달 모양의 볏이 두 개 솟아 있어서 붙여진 이름이에요. 30센티미터나 되는 이 볏은 뼈로 되었지만 얇아서 무기로 쓰지는 못했어요.
몸이 컸지만 유연했어요. 두 발로 걸었는데, 발목이 땅에서 좀 떨어져 있어서 발끝으로 걸었어요. 하지만 아주 빨리 달릴 수 있었어요. 사냥을 할 때는 주로 날카로운 발톱을 사용했어요. 이빨은 날카롭지만 가늘어서 물어뜯는 힘은 약했어요.

얼마나 컸을까요?
길이 : 6미터
몸무게 : 300~450킬로그램

무엇을 먹었을까요?
육식

어디에서 살았을까요?
아시아(중국)
북아메리카(미국)

언제 살았을까요?

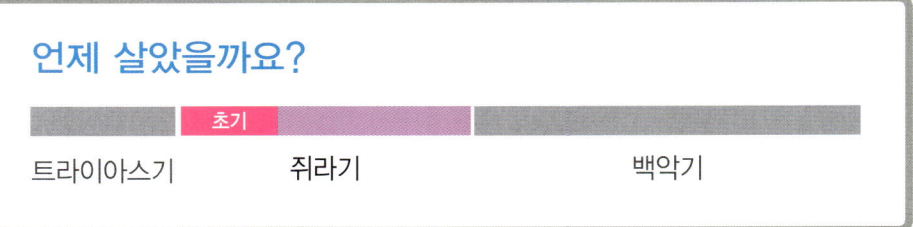

트라이아스기 | 쥐라기(초기) | 백악기

마멘키사우루스
Mamenchisaurus

마멘키사우루스란 '마멘키의 도마뱀'이라는 뜻이에요. 이 공룡의 화석이 중국의 마멘키에서 발견되었기 때문에 붙여진 이름이지요. 아시아에서 발견된 공룡 중 가장 큰 공룡이에요. 몸집이 큰 만큼 먹이도 많이 먹었고, 소화를 돕기 위해 돌을 삼켰어요. 여럿이 모여 살았는데, 다른 곳으로 옮겨 갈 때면 새끼들을 보호하기 위해 어른 공룡들이 새끼들을 에워싸고 이동했어요.

언제 살았을까요?

| 트라이아스기 | 쥐라기 | **말기** | 백악기 |

어디에서 살았을까요?

아시아
(중국)

가늘고 긴 **꼬리**를 채찍처럼 휘둘러서 적과 싸웠어요.

얼마나 컸을까요?
길이 : 22미터
몸무게 : 17톤

무엇을 먹었을까요?
초식

몸집에 비해 **머리**는 작았어요.

15미터나 되는 **목**에는 목뼈가 19개나 있었어요. 목이 길어서 아주 높은 나무 꼭대기에 달린 잎도 쉽게 따 먹을 수 있었어요.

목뼈 사이에 공간이 있어서 상하좌우로 구부리기 쉬웠어요.

돌을 삼켜서 **소화**를 도왔어요.

메갈로사우루스
Megalosaurus

메갈로사우루스란 '거대한 도마뱀'이라는 뜻이에요. 공룡 중에서 가장 먼저 이름을 가진 공룡으로, 1824년 영국의 윌리엄 버클랜드가 이 공룡의 뼈를 발견하고 이름을 붙여 주었지요. 그때는 아직 공룡의 존재가 밝혀지기 전이라서 뼈를 발견했을 때 이 동물을 거대한 육식 도마뱀이라고 생각했던 것이지요. 성질이 사납고 몸의 구조가 사냥하기에 알맞아 자신보다 훨씬 큰 초식 공룡도 쉽게 잡아먹었어요.

얼마나 컸을까요?
길이 : 9미터
몸무게 : 1~1.5톤

무엇을 먹었을까요?
육식

튼튼한 꼬리가 몸의 균형을 잘 잡아 주었어요. 또 사냥할 때 꼬리를 휘둘러 먹잇감을 꼼짝 못 하게 하기도 했어요.

어디에서 살았을까요?
유럽
(영국, 프랑스, 포르투갈)

눈이 좋고, 냄새도 잘 맡아서 사냥하는 데 유리했어요.

머리뼈에 빈 공간이 있어서 머리가 가벼웠어요.

목이 두꺼웠어요.

이빨은 작지만 아주 날카로웠는데 부러지면 그 자리에 새 이빨이 다시 났어요.

뒷다리는 크고 튼튼했어요. 하지만 아주 빨리 달리지는 못했어요.

앞다리는 짧지만 발에 갈고리 같은 발톱이 있어서 사냥하는 데 유용했어요.

언제 살았을까요?

| 트라이아스기 | 쥐라기 중기~말기 | 백악기 |

브라키오사우루스
Brachiosaurus

브라키오사우루스란 '팔 도마뱀'이라는 뜻이에요. 앞다리가 뒷다리보다 길어서 붙여진 이름이에요. 용각류 공룡 중에서 앞다리가 뒷다리보다 긴 공룡은 브라키오사우루스뿐이랍니다. 뼈가 굵직한 브라키오사우루스는 몸이 아주 무거워 네 발로 걸었어요. 몸이 큰 만큼 아주 많이 먹었는데, 자그마치 하루에 200킬로그램이나 먹어치웠답니다.

얼마나 컸을까요?
길이 : 28미터 · 몸무게 : 30톤

무엇을 먹었을까요?
초식

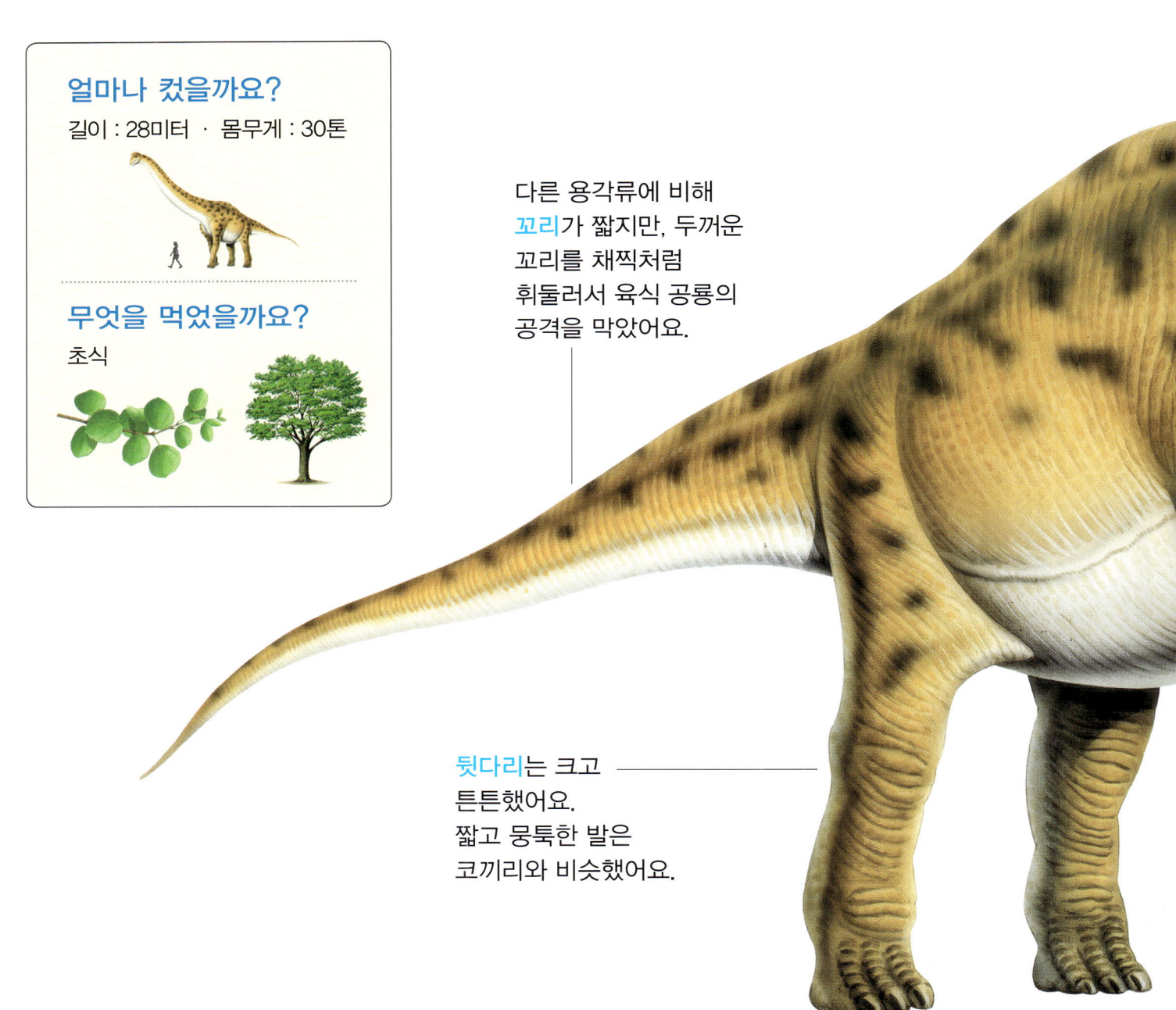

다른 용각류에 비해 꼬리가 짧지만, 두꺼운 꼬리를 채찍처럼 휘둘러서 육식 공룡의 공격을 막았어요.

뒷다리는 크고 튼튼했어요. 짧고 뭉툭한 발은 코끼리와 비슷했어요.

머리 꼭대기에 **코뼈**가 툭 튀어나왔어요. 여기에 큰 **콧구멍**이 있는데 냄새를 잘 맡을 뿐만 아니라, 차가운 공기를 들이마셔서 뜨거워진 몸의 온도를 조절했어요.

납작하고 긴 주둥이에는 숟가락처럼 생긴 튼튼한 이빨이 많이 있었어요. **이빨** 사이가 벌어져 있어서 나뭇잎을 훑어 먹기에 좋았어요.

등골뼈에 빈 공간이 있어서 몸무게를 줄일 수 있었어요.

긴 **목**은 근육이 발달해서 힘이 있었으며, 자유롭게 움직일 수 있었어요. 목길이만도 12~16미터나 되는 이 공룡은 키가 20미터나 되었어요.

작은 **돌멩이**를 삼켜 소화를 도왔어요.

앞다리가 뒷다리보다 가늘어서 빨리 뛰기에는 적합하지 않았어요.

어디에서 살았을까요?
아프리카(탄자니아, 알제리)
북아메리카(미국)

언제 살았을까요?
트라이아스기 | 쥐라기 — 말기 | 백악기

슈노사우루스
Shunosaurus

슈노사우루스란 '슈 도마뱀'이라는 뜻이에요. 1979년 중국 쓰촨 지역에서 처음 발견되었어요. 초기 용각류 공룡이에요. 작은 머리, 긴 목과 꼬리, 기둥 같은 네 개의 다리 등 용각류의 특징이 나타나지만 완전히 발달하지는 못했어요. 꼬리 끝에 곤봉 모양의 뼈 뭉치가 있었는데, 이것을 휘둘러 적의 공격을 막아 냈어요. 여럿이 함께 모여 살았어요.

꼬리는 다른 용각류 공룡에 비해 짧았지만, 꼬리 끝에 있는 곤봉 모양의 뼈에는 창 같은 돌기가 두 쌍 있었어요. 이 꼬리는 적을 죽일 수도 있을 만큼 위협적이었어요.

얼마나 컸을까요?
길이 : 12미터 · 몸무게 : 10톤

무엇을 먹었을까요?
초식

언제 살았을까요?

| 트라이아스기 | 쥐라기 (중기) | 백악기 |

어디에서 살았을까요?

아시아 (중국)

머리는 작았어요.

12개의 목뼈로 이루어진 목은 다른 용각류에 비해 짧았어요.

숟가락 모양의 이빨이 있었어요.

돌을 삼켜서 먹이를 소화시켰어요.

커다란 발에는 두꺼운 발톱이 있었어요.

스켈리도사우루스
Scelidosaurus

스켈리도사우루스란 '다리 도마뱀'이라는 뜻이에요. 1859년 리처드 오언이 붙여 준 이름이지요. 아주 원시적인 초식 공룡이에요. 판 공룡(검룡류)과 갑옷 공룡(곡룡류)의 특징을 골고루 가지고 있는 것으로 보아 **뼈 판 솟은 검룡**과 **뼈로 된 판으로 몸을 감싼 곡룡**의 원시 조상으로 여겨져요. 온몸이 작고 동그란 비늘로 덮여 있었고, 등과 꼬리에는 **뼈로 된 뾰족한 돌기**가 나 있었어요. 이 돌기로 적의 공격으로부터 자신을 지켰어요.

꼬리가 몸의 절반을 차지할 정도로 아주 길었어요. 이 꼬리는 빨리 달릴 때 몸의 균형을 잡아 주거나 싸울 때 무기로 사용했어요.

얼마나 컸을까요?
길이 : 3~4미터
몸무게 : 250킬로그램

무엇을 먹었을까요?
초식

높은 곳에 있는 나뭇잎을 먹을 때는 **뒷다리**로만 일어설 수도 있었어요. 짧은 거리는 두 **발**로 빨리 뛰기도 했어요.

언제 살았을까요?

| 트라이아스기 | **초기** 쥐라기 | 백악기 |

어디에서 살았을까요?

북아메리카 (미국), 유럽(영국)

돌기는 둥그런 것도 있고, 뾰족한 것도 있었어요. 날카로운 이빨이나 강력한 발톱 대신 이것으로 자신을 지켰어요.

머리는 몸집에 비해 아주 작았어요.

위턱 앞쪽에 작은 **이빨**이 있었는데, 이 나뭇잎 모양의 이빨 가장자리에는 거친 톱니날이 있어서 식물을 잘 자를 수 있었어요.

앞다리가 뒷다리보다 짧아요. 하지만 평소에는 네 발로 걸었어요.

스테고사우루스
Stegosaurus

스테고사우루스란 '지붕 도마뱀'이라는 뜻이에요. 등을 따라 삐죽삐죽 나 있는 뼈 판이 지붕처럼 등을 덮고 있어서 붙여진 이름이에요. 등을 따라 10~11쌍이나 되는 커다란 뼈 판이 엇갈려 두 줄로 솟아 있었는데, 얇아서 무기로 쓰지는 못했어요. 대신 몸의 온도를 조절하거나 적에게 겁을 주거나, 같은 공룡끼리 알아보는 데 도움이 되었어요. 몸집은 판 공룡 중에서 가장 큰데, 머리는 가장 나쁜 것으로 유명해요. 성격이 온순했으며, 행동도 느렸어요.

꼬리 끝에 뾰족한 가시가 4개 있었는데, 길이가 60센티미터나 되는 것도 있었어요. 싸울 때 이 가시로 사정없이 찔렀을 거예요.

넓적한 **뒷발**에는 짧고 뭉툭한 발톱이 3개 있었어요.

언제 살았을까요?

| 트라이아스기 | 쥐라기 **말기** | 백악기 |

어디에서 살았을까요?
북아메리카 (미국), 유럽(포르투갈)

얼마나 컸을까요?
길이 : 5~9미터
몸무게 : 3~6톤

무엇을 먹었을까요?
초식

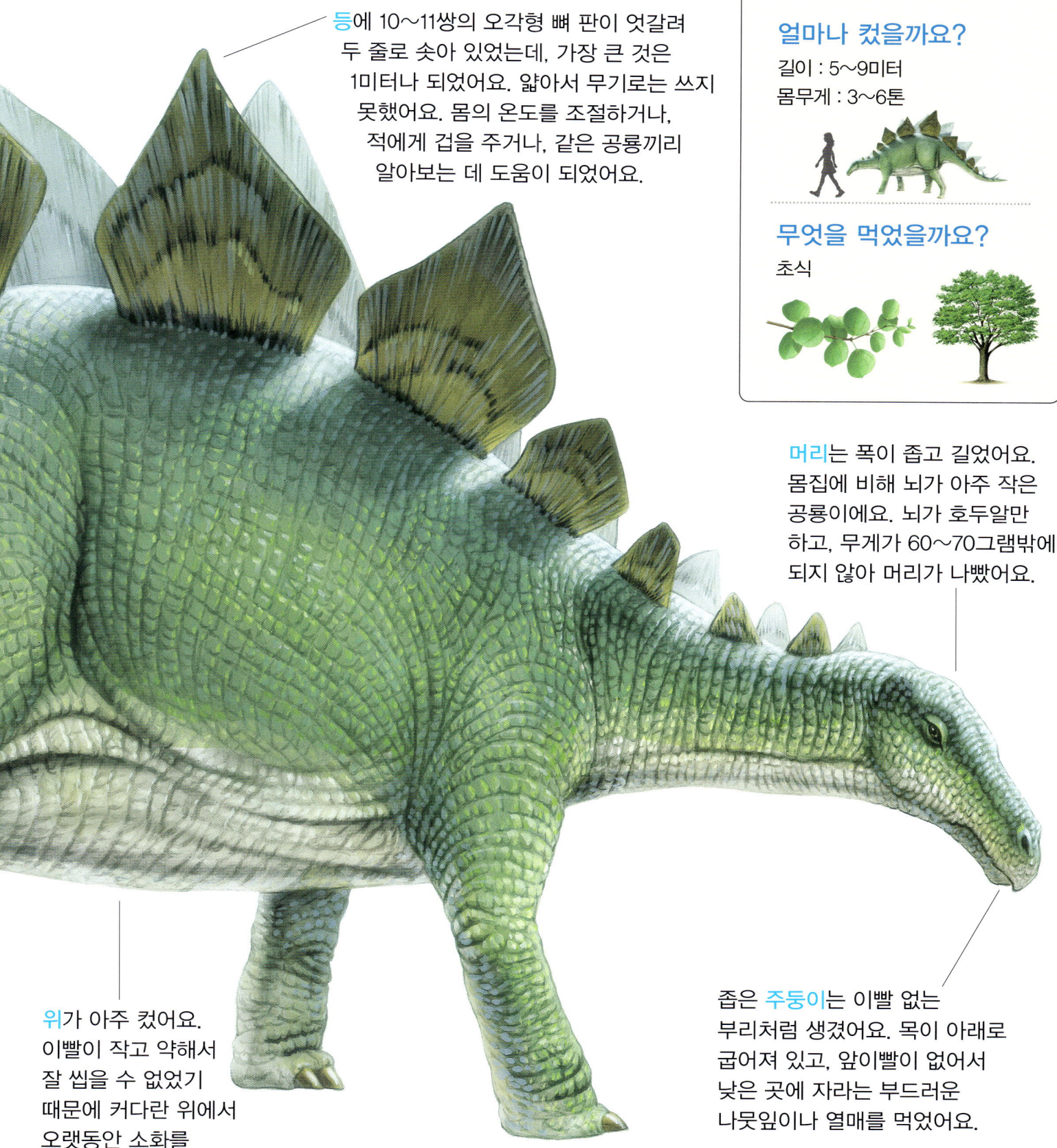

등에 10~11쌍의 오각형 뼈 판이 엇갈려 두 줄로 솟아 있었는데, 가장 큰 것은 1미터나 되었어요. 얇아서 무기로는 쓰지 못했어요. 몸의 온도를 조절하거나, 적에게 겁을 주거나, 같은 공룡끼리 알아보는 데 도움이 되었어요.

머리는 폭이 좁고 길었어요. 몸집에 비해 뇌가 아주 작은 공룡이에요. 뇌가 호두알만 하고, 무게가 60~70그램밖에 되지 않아 머리가 나빴어요.

좁은 주둥이는 이빨 없는 부리처럼 생겼어요. 목이 아래로 굽어져 있고, 앞이빨이 없어서 낮은 곳에 자라는 부드러운 나뭇잎이나 열매를 먹었어요.

위가 아주 컸어요. 이빨이 작고 약해서 잘 씹을 수 없었기 때문에 커다란 위에서 오랫동안 소화를 시켜야 했어요.

아파토사우루스
Apatosaurus

아파토사우루스란 '속이는 도마뱀'이라는 뜻이에요. 물가에 여럿이 모여 살았어요. 몸이 튼튼했으며, 앞발이 짧고 꼬리가 길었어요. '브론토사우루스'라고도 불렀는데, 이것은 1879년에 마시 박사가 새로운 공룡으로 착각하고 브론토사우루스라는 이름을 붙였기 때문이에요. 하지만 나중에 아파토사우루스라는 것이 밝혀졌지요. 빠르게 걷지는 못했어요.

꼬리를 채찍처럼 휘둘러서 적에게 겁을 주었어요. 뒷다리로 설 때는 강한 꼬리로 몸의 균형을 잡았어요.

뒷다리가 앞다리보다 커요. 발바닥을 들고 발가락으로만 걸었어요. 평소에는 네 발로 걸었지만 적과 싸울 때는 앞다리를 번쩍 들었다 내리칠 수도 있었어요.

언제 살았을까요?

| 트라이아스기 | 쥐라기 **말기** | 백악기 |

어디에서 살았을까요?

북아메리카 (미국)

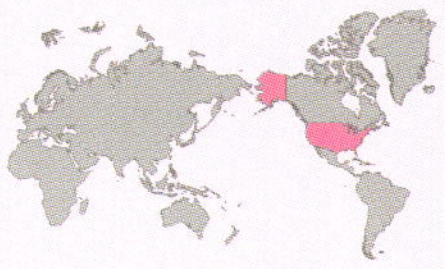

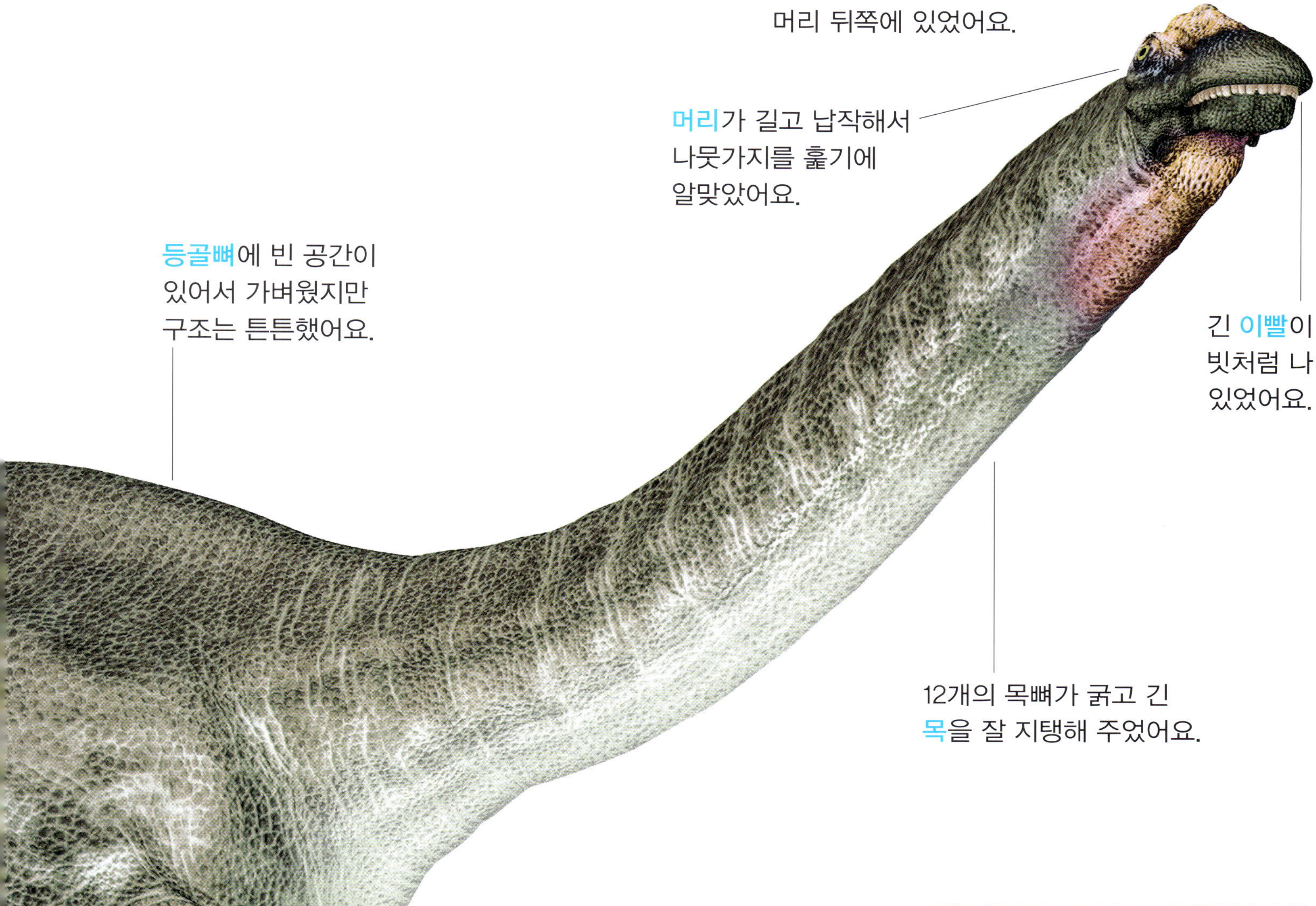

커다란 **콧구멍**이 머리 뒤쪽에 있었어요.

머리가 길고 납작해서 나뭇가지를 훑기에 알맞았어요.

등골뼈에 빈 공간이 있어서 가벼웠지만 구조는 튼튼했어요.

긴 **이빨**이 빗처럼 나 있었어요.

12개의 목뼈가 굵고 긴 **목**을 잘 지탱해 주었어요.

얼마나 컸을까요?
길이 : 27미터 · 몸무게 : 35톤

무엇을 먹었을까요?
초식

알로사우루스
Allosaurus

알로사우루스란 '이상한 도마뱀'이라는 뜻이에요. 키가 4.5미터나 되는 이 공룡은 쥐라기 때 살던 육식 공룡 중 가장 크고 강한 공룡이에요. 성질이 아주 사나워서 몸집이 자기보다 훨씬 큰 초식 공룡은 물론, 다른 육식 공룡도 잡아먹었어요. 아래턱을 크게 벌릴 수 있어서 큰 고깃덩어리도 꿀꺽 삼킬 수 있었어요.

단단한 **꼬리**가 몸의 균형을 잘 잡아 주었어요.

얼마나 컸을까요?
길이 : 9~10미터
몸무게 : 3톤

무엇을 먹었을까요?
육식

어디에서 살았을까요?
북아메리카 (미국)

뒷발가락은 4개였어요. 강한 근육으로 되어 있어서 시속 30킬로미터로 달릴 수도 있었어요.

크고 뾰족한 돌기가 눈을 보호해 주었어요. 돌기가 작고 둥근 것도 있어요.

머리가 1미터나 되었어요.

날카로운 이빨에는 작은 톱니까지 있어서 질긴 고기도 잘 자를 수 있었어요. 턱이 튼튼해서 먹이를 꽉 물 수 있었고, 큰 고깃덩어리도 꿀꺽 삼킬 수 있었어요.

앞발가락이 3개였어요. 25센티미터나 되는 날카로운 발톱으로 먹잇감을 꽉 쥘 수 있었어요.

언제 살았을까요?

| 트라이아스기 | 쥐라기 | **말기** | 백악기 |

오르니톨레스테스
Ornitholestes

오르니톨레스테스란 '새 도둑'이라는 뜻이에요. 새를 잡아먹었을 것이라고 생각해서 붙여진 이름이에요. 하지만 아직 확실한 증거는 없답니다. 재빨리 움직일 수 있었기 때문에 사냥을 아주 잘했어요. 도마뱀이나 곤충을 비롯하여 초식 공룡도 사냥했답니다.

빨리 달릴 때 꼬리가 몸의 균형을 잡아 주었어요.

얼마나 컸을까요?
길이 : 1~2미터
몸무게 : 11킬로그램

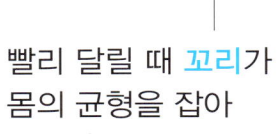

무엇을 먹었을까요?
육식

뒷다리가 길고 가벼워서 빨리 달릴 수도, 높이 뛰어오를 수도 있었어요.

언제 살았을까요?

| 트라이아스기 | 쥐라기 | **말기** | 백악기 |

어디에서 살았을까요?

북아메리카 (미국)

- **머리**는 작아요.
- 코 위에 작은 **뿔** 같은 것이 있었어요.
- **콧구멍**이 컸어요.
- 3개의 긴 **앞발가락**은 먹잇감을 움켜쥘 수 있었어요.
- **넷째 앞발가락**은 흔적만 남았어요.

65

카마라사우루스
Camarasaurus

카마라사우루스란 '방 도마뱀'이라는 뜻이에요. 등뼈에 구멍이 있기 때문에 붙여진 이름이지요. 이 구멍 덕분에 몸무게를 줄일 수 있었어요. 빗처럼 생긴 앞이빨로 나뭇잎을 훑어 먹었고, 질긴 나뭇가지는 대충 씹어 삼켰어요. 대신 돌을 삼켜 위 속에 든 돌이 삼킨 먹이를 갈아 소화를 도왔어요. 쥐라기 말기에 북아메리카에서 가장 번성했던 공룡이에요. 몸길이가 20미터나 되지만 용각류치고는 작은 편이었어요. 육식 공룡의 공격에 대비해 여럿이 모여 살았어요.

얼마나 컸을까요?
길이 : 20미터
몸무게 : 20톤

무엇을 먹었을까요?
초식

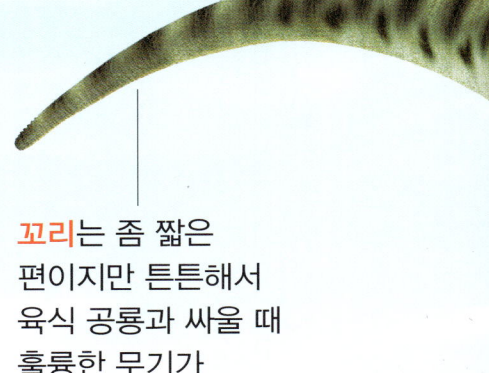

꼬리는 좀 짧은 편이지만 튼튼해서 육식 공룡과 싸울 때 훌륭한 무기가 되었어요.

언제 살았을까요?

트라이아스기 · 쥐라기(말기) · 백악기

어디에서 살았을까요?
북아메리카 (미국)

케라토사우루스
Ceratosaurus

케라토사우루스란 '뿔이 있는 도마뱀'이라는 뜻이에요. 콧구멍 바로 위와 이마에 뿔이 있었거든요. 이 뿔은 너무 작고 얇아서 무기로 사용되기보다는 경쟁자에게 겁을 주는 정도로만 사용되었을 거예요. 이 뿔 때문에 케라토사우루스는 다른 육식 공룡보다 머리가 무거웠어요. 날카로운 이빨과 튼튼한 다리를 이용해서 작은 공룡이나 파충류 등을 사냥했어요.

얼마나 컸을까요?
길이 : 4.5~6미터
몸무게 : 0.5~1톤

무엇을 먹었을까요?
육식

뒷다리가 큰 기둥처럼 튼튼해서 짧은 거리는 빨리 달릴 수 있었어요.

코 위와 이마에 작은 **뿔**이 있었어요.

머리가 컸어요. 하지만 머리뼈가 그리 단단하지는 않았어요.

목은 다른 수각류 공룡보다 굵고 짧았어요.

무서운 사냥꾼답게 강한 턱에는 뒤로 휘어진 날카롭고 큰 **이빨**이 있었어요.

짧은 **앞발**에는 발가락이 4개 있었는데 갈고리 같은 발톱은 무시무시한 무기로 사용했어요. 또 먹이를 잡기에도 편리했어요.

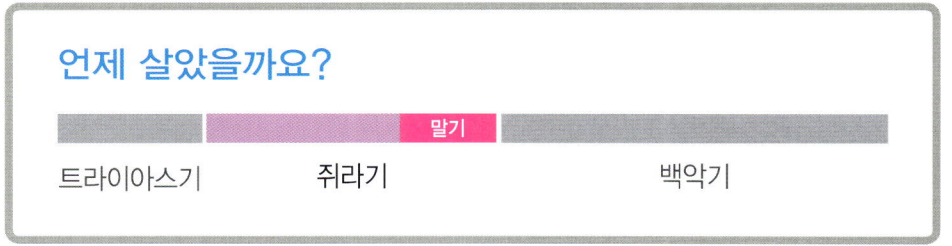

언제 살았을까요?

| 트라이아스기 | 쥐라기 (말기) | 백악기 |

어디에서 살았을까요?

북아메리카 (미국), 아프리카 (탄자니아)

켄트로사우루스
Kentrosaurus

켄트로사우루스란 '끝이 뾰족한 도마뱀'이라는 뜻이에요. 등과 꼬리는 물론 어깨에까지 창처럼 뾰족하고 커다란 가시가 삐죽삐죽 돋아 있어서 붙여진 이름이에요. 목에서 등까지는 일곱 쌍의 납작한 뼈 판이 솟아 있었어요. 등 중간부터 꼬리까지는 창처럼 뾰족한 커다란 가시가 돋아 있었어요.

얼마나 컸을까요?
길이 : 4미터
몸무게 : 400킬로그램

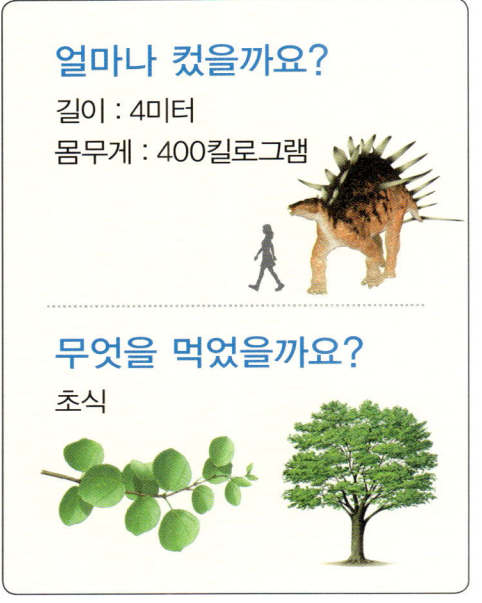

무엇을 먹었을까요?
초식

등 중간부터 꼬리까지 뾰족한 가시가 7쌍 있었어요. 가장 긴 것은 길이가 60센티미터나 되었어요. 육식 공룡이 공격해 오면 이 가시로 맞서 싸웠어요.

무거운 몸무게를 네 발이 효과적으로 잘 나누어서 지탱했어요. 뒷발이 앞발보다 두 배는 길었지만 워낙 몸이 무거워서 네 발로 천천히 걸었어요.

언제 살았을까요?

트라이아스기 | 쥐라기 (말기) | 백악기

어디에서 살았을까요?
아프리카 (탄자니아)

목에서 등까지는 납작한 뼈 판이 두 줄로 솟아 있었어요. 뼈 판의 크기는 스테고사우루스보다 작았어요. 이것으로 몸의 온도를 조절했을 거예요.

어깨에 긴 가시가 한 쌍 있었어요.

머리뼈는 길고 폭이 좁았어요. 뇌는 호두만 했어요.

코는 냄새를 잘 맡았어요.

주둥이는 작았으며, 단단한 부리와 작은 이빨로 주로 낮은 곳에 자라는 식물을 뜯어 먹었어요.

콤프소그나투스
Compsognathus

콤프소그나투스란 '우아한 턱'이라는 뜻이에요. 이 공룡의 섬세한 머리뼈 때문에 붙여진 이름이에요. 이 공룡은 크기가 닭만 했어요. 날씬한 몸, 새와 비슷한 다리로 빠르고 민첩하게 움직일 수 있었어요. 그래서 도마뱀처럼 재빨리 도망치는 먹이도 잘 잡았어요. 곤충이나 벌레도 잡아먹었답니다.

얼마나 컸을까요?
길이 : 0.6~1미터
몸무게 : 2.5킬로그램

무엇을 먹었을까요?
육식

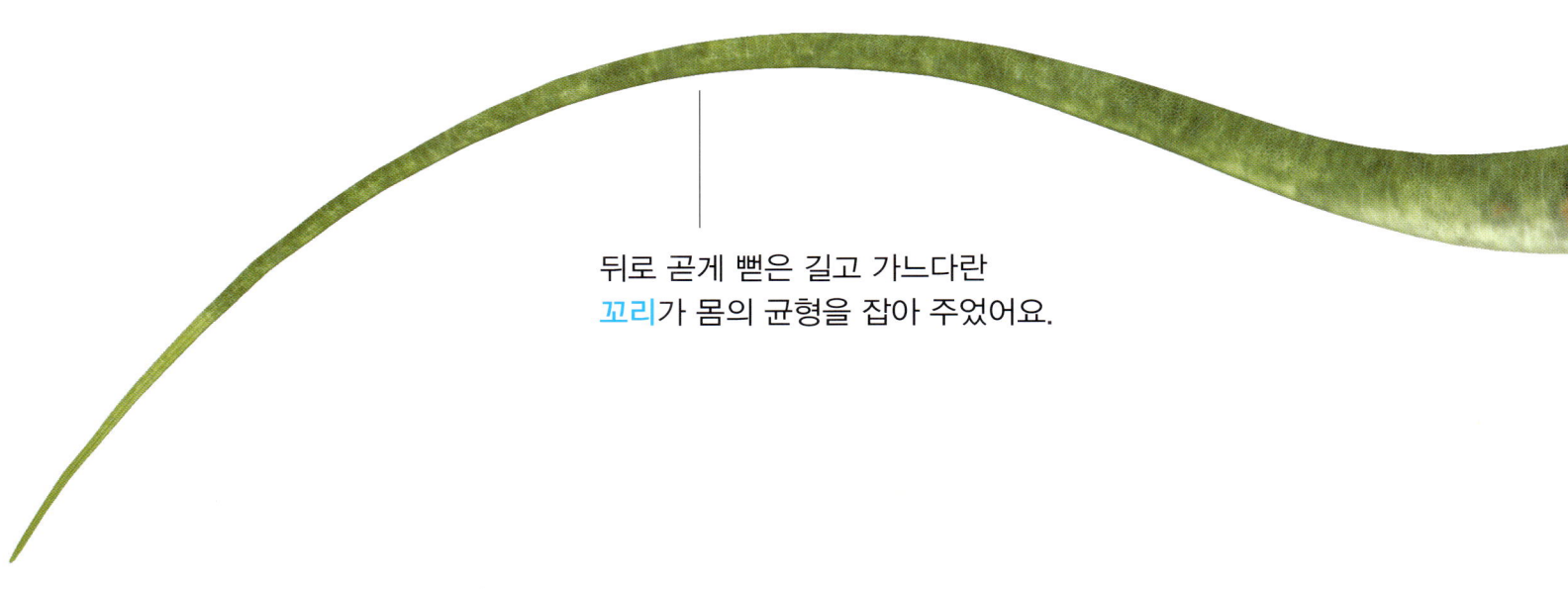

뒤로 곧게 뻗은 길고 가느다란 **꼬리**가 몸의 균형을 잡아 주었어요.

언제 살았을까요?
트라이아스기 | 쥐라기 (말기) | 백악기

어디에서 살았을까요?
유럽
(독일, 프랑스)

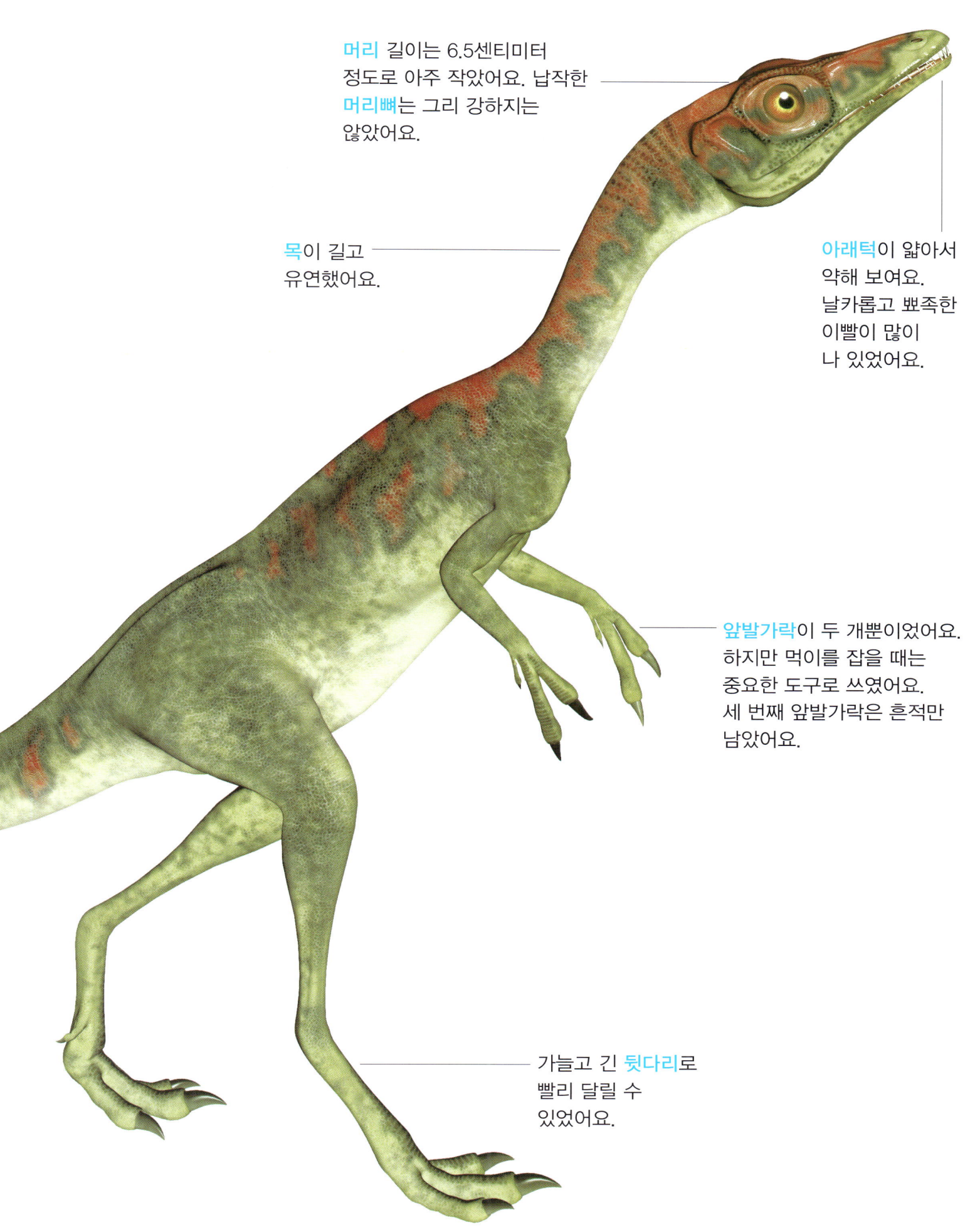

머리 길이는 6.5센티미터 정도로 아주 작았어요. 납작한 **머리뼈**는 그리 강하지는 않았어요.

아래턱이 얇아서 약해 보여요. 날카롭고 뾰족한 이빨이 많이 나 있었어요.

목이 길고 유연했어요.

앞발가락이 두 개뿐이었어요. 하지만 먹이를 잡을 때는 중요한 도구로 쓰였어요. 세 번째 앞발가락은 흔적만 남았어요.

가늘고 긴 **뒷다리**로 빨리 달릴 수 있었어요.

크리올로포사우루스
Cryolophosaurus

크리올로포사우루스란 '볏이 있는 언 도마뱀'이라는 뜻이에요. 머리에 특이하게 생긴 볏이 있어서 붙여진 이름이에요. 1994년에 얼음과 빙하로 뒤덮인 남극 대륙에서도 발견되었어요. 이 발견으로 남극 대륙이 지금보다 훨씬 따뜻하고 살기 좋은 곳이었으며, 아프리카와 남아메리카, 남극 대륙이 서로 붙어 있었다는 것을 알 수 있어요. 이 공룡은 꽤 큰 초기 육식 공룡으로, 머리 꼭대기에 구부러진 작은 볏이 있고, 볏 양쪽에 작은 뿔이 있었어요.

두 발로 걸었어요.

머리에 난 **볏**은 아주 얇아서 무기로 쓰지는 못했어요. 대신 짝짓기를 할 때 암컷을 유혹하는 데 이용했어요.

얼마나 컸을까요?
길이 : 7~8미터
몸무게 : 500킬로그램

무엇을 먹었을까요?
육식

아주 날카롭고 뾰족한 **이빨**이 많이 나 있었어요.

언제 살았을까요?
트라이아스기 | 쥐라기(초기) | 백악기

어디에서 살았을까요?
남극 대륙

투오지앙고사우루스
Tuojiangosaurus

투오지앙고사우루스란 '투오강의 도마뱀'이라는 뜻이에요. 이 공룡의 화석이 중국 투오강에서 발견되었기 때문에 붙여진 이름으로, 아시아에서 처음 발견된 판 공룡(검룡류)이에요. 목에서 꼬리까지 납작하고 폭이 좁은 세모 모양의 뼈 판이 줄지어 나 있었어요. 몸집에 비해 머리가 아주 작았고, 작은 이빨은 숟가락 모양이었어요.

목 부분의 골판은 작고 동그랗지만 엉덩이 쪽으로 갈수록 더 크고 뾰족해졌어요.

길고 무거운 꼬리 끝에는 뾰족한 창 같은 가시가 4개 있었어요. 이 가시는 적과 싸울 때 훌륭한 무기가 되었어요.

단단한 네 발로 천천히 걸었어요.

언제 살았을까요?

| 트라이아스기 | 쥐라기 | **말기** | 백악기 |

어디에서 살았을까요?

아시아 (중국)

얼마나 컸을까요?

길이 : 7미터 · 몸무게 : 4톤

무엇을 먹었을까요?

초식

등에는 삼각형 뼈 판이 두 줄 나 있었어요.

몸집에 비해 머리가 아주 작았어요. 머리를 땅으로 숙이고 다녀서 낮은 곳에 자라는 식물을 먹기 좋았어요.

작은 이빨은 숟가락 모양이에요.

헤테로돈토사우루스
Heterodontosaurus

헤테로돈토사우루스란 '이빨의 쓰임새가 각각 다른 도마뱀'이라는 뜻이에요. 앞이빨과 어금니의 모양이 그 쓰임새에 따라서 각각 다르게 생겼기 때문에 이런 이름이 붙여졌답니다. 가장 원시적인 조각류 공룡으로 몸이 아주 작아서 커다란 칠면조 정도밖에 되지 않았어요. 이 공룡의 특이한 이빨은 육식 공룡과 초식 공룡의 특징을 다 갖고 있었어요. 따라서 잡식성에서 초식성으로 진화하는 중간 단계의 공룡이었을 거로 보고 있어요. 가족 단위로 함께 모여 살았어요.

긴 **꼬리**가 빨리 달릴 때 몸의 균형을 잡아 주었어요.

얼마나 컸을까요?
길이 : 1.2미터
몸무게 : 6킬로그램

무엇을 먹었을까요?
초식

눈이 커서 잘 볼 수 있었어요.

앞이빨은 작고 날카로워서 나뭇잎을 뜯기에 알맞았고, 어금니는 나뭇잎을 잘게 씹기에 알맞았어요. 또 수컷은 송곳니가 있어서 암컷을 차지하려고 싸울 때나 영역 다툼을 할 때 이것을 무기로 사용했어요.

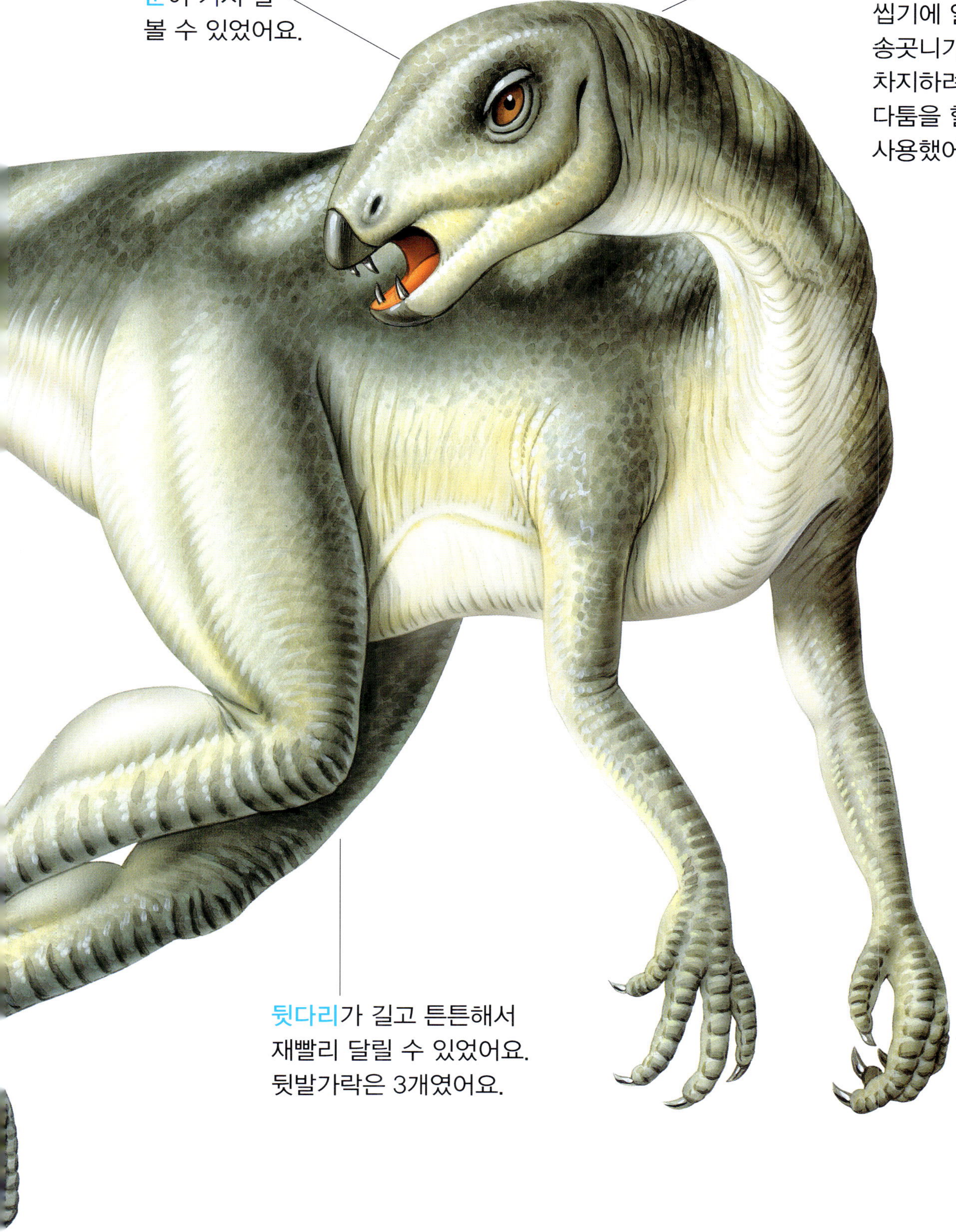

앞발가락이 길어서 먹이를 잘 잡을 수 있었어요. 날카로운 발톱으로 식물의 뿌리를 파내어 먹을 수도 있었을 거예요.

뒷다리가 길고 튼튼해서 재빨리 달릴 수 있었어요. 뒷발가락은 3개였어요.

언제 살았을까요?

| 트라이아스기 | 쥐라기 (초기) | 백악기 |

어디에서 살았을까요?

아프리카 (레소토)

79

휴양고사우루스
Huayangosaurus

휴양고사우루스란 '휴양 도마뱀'이라는 뜻이에요. 이 공룡의 화석이 중국 휴양에서 발견되었기 때문에 그곳의 이름을 따서 지은 거예요. 가장 원시적인 판 공룡이에요. 다른 판 공룡과는 달리 앞다리와 뒷다리의 길이가 비슷해요. 머리에서 꼬리까지 크기가 다른 뼈 판이 나 있었어요. 다른 판 공룡들은 주둥이 끝에 이빨이 없었는데, 휴양고사우루스는 약하지만 이빨이 있었어요.

얼마나 컸을까요?
길이 : 4미터
몸무게 : 1.4톤

무엇을 먹었을까요?
초식

언제 살았을까요?

| 트라이아스기 | 쥐라기 (중기) | 백악기 |

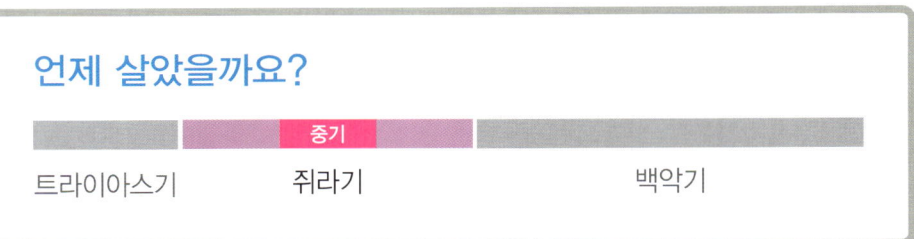

다른 판 공룡들은 주둥이 끝에 이빨이 없었는데, 이 공룡은 약하지만 이빨이 있었어요.

어디에서 살았을까요?

아시아 (중국)

꼬리 끝에는 창처럼 뾰족한 가시가 4개 있었어요.

엉덩이에서 꼬리 중간까지는 작은 골판이 나 있었어요.

어깨부터 엉덩이까지는 커다랗고 뾰족한 골판이 나 있었어요.

머리에서 목까지는 작은 하트 모양의 골판이 나 있었어요.

육식 공룡의 특징

초식 공룡들이 뿔이나 침, 갑옷 같은 피부, 서로에게 신호를 보내는 소리 기관 등 육식 공룡의 공격에 맞설 수 있는 무기들을 갖추자 육식 공룡들도 더욱 강력한 무기가 필요했어요. 또 같은 공룡끼리도 힘겨루기나 짝짓기를 할 때 유리하도록 신체 구조를 발달시켜 나갔답니다.

데이노니쿠스의 갈고리 발톱
데이노니쿠스는 뒷발에 특별한 모양의 발톱이 있었어요. 평소에는 접고 있다가 적을 공격할 때는 용수철처럼 앞으로 튀어 나와 먹이에 깊은 상처를 냈어요.

딜로포사우루스 발톱
딜로포사우루스는 먹이를 잡은 다음, 날카로운 발톱을 이용해 한 입에 먹을 수 있을 만큼 잘게 찢었어요. 육식 공룡들의 발톱은 사용하면 할수록 닳아 더욱더 뾰족해져서 훌륭한 무기가 되었어요.

볏으로 멋을 부린 딜로포사우루스
딜로포사우루스 수컷은 머리에 30센티미터나 되는 볏이 있었어요. 볏은 암컷에게 잘 보이기 위한 것일 뿐 적의 공격으로부터 자신을 보호하거나 먹이를 잡는 데 사용되지는 못했어요.

딜로포사우루스

코엘로피시스의 가벼운 뼈
코엘로피시스는 뼛속이 비어 있어서 몸이 가벼웠어요. 그래서 재빨리 움직일 수 있었어요. 이러한 민첩성은 사냥을 하는 데 아주 좋은 장점이었어요. 이들은 곤충, 도마뱀, 작은 공룡뿐만 아니라 같은 종족끼리도 서로 잡아먹었어요.

스피노사우루스의 등뼈
스피노사우루스의 등에는 부챗살 같은 뼈가 솟아 있었어요. 높이가 2미터나 되었는데, 덥거나 추울 때 몸의 온도를 조절했어요. 돛 모양 뼈에 태양열을 모아 두어 몸을 따뜻하게 하거나 몸의 열을 밖으로 내보내 몸을 시원하게 한 것이지요.

티라노사우루스의 턱과 이빨
티라노사우루스는 한번 문 먹이는 절대로 놓치지 않는 강력한 턱과 톱니가 나 있는 날카로운 이빨 덕분에 강력한 사냥꾼이 될 수 있었어요. 이 공룡의 이빨은 뼈도 으스러뜨릴 정도로 강했어요. 또한 후각이 발달해 죽은 시체 냄새도 잘 맡았어요.

딜로포사우루스 꼬리
딜로포사우루스는 길고 튼튼한 꼬리를 휘둘러 초식 공룡을 공격했어요. 이 꼬리는 빨리 달릴 때 몸의 균형도 잘 잡아 주었어요.

딜로포사우루스 뒷다리와 발톱
딜로포사우루스는 길고 튼튼한 뒷다리 덕분에 빨리 될 수 있었어요. 또 길고 강한 발톱이 있었어요.

눈이 큰 공룡 스테노니코사우루스
스테노니코사우루스는 몸길이 2미터 정도의 작은 공룡이에요. 앞발과 뒷발이 모두 가늘고 약했지만, 재빠르게 움직여 먹이를 잡았어요. 이 공룡은 비교적 뇌가 컸으며, 사물을 입체적으로 볼 수 있는 커다란 눈이 있어 사냥에 큰 도움을 주었어요.

에오랍토르의 긴 뒷다리
에오랍토르는 몸집은 작았지만 긴 뒷다리로 재빨리 달릴 수 있었어요.

초식 공룡의 특징

초식 공룡들은 나무 꼭대기에 있는 부드러운 싹을 먹기 위해 목이 길어지기도 하고, 적으로부터 자신을 보호하기 위해 등에 단단한 딱지나 송곳 같은 침이 달리기도 했어요. 또 머리뼈의 두께가 25센티미터나 되는 것도 있었어요. 육식 공룡의 공격으로부터 살아남기 위해 초식 공룡들이 갖게 된 방어 무기와 특징은 매우 다양했어요.

파키케팔로사우루스의 머리뼈

파키케팔로사우루스의 머리뼈는 두께가 25센티미터나 되었어요. 이처럼 머리뼈가 있는 공룡들은 암컷을 차지하기 위해 서로 박치기로 겨루기를 했어요. 워낙 머리뼈가 두꺼웠기 때문에 아무리 박치기를 해도 크게 상처를 입지는 않았어요. 때로는 육식 공룡의 공격을 막는 데도 이 머리뼈를 사용했어요.

앵무새 입을 가진 프시타코사우루스

프시타코사우루스라는 이름은 '앵무새 도마뱀'이라는 뜻이에요. 주둥이가 앵무새와 비슷하게 생겨 붙여진 이름이지요. 몸길이 2미터, 몸무게 70킬로그램 정도였던 프시타코사우루스는 적이 나타나면 빠른 발을 이용해 재빨리 도망쳐 몸을 보호했어요.

파라사우롤로푸스의 관

파라사우롤로푸스의 머리 뒤에는 기다란 관이 있었어요. 적이 나타나면 이 관으로 소리를 내어 동료들에게 위험을 알려 자신을 보호했어요.

마이아사우라의 집단 생활

마이아사우라는 무리를 지어 생활했어요. 따라서 육식 공룡이 공격을 해 올 때 집단으로 방어에 나설 수 있었답니다.

등을 따라 솟아 있는 뼈 판
스테고사우루스는 등에 단단한 오각형 방패를 빼곡하게 달고 있었어요. 공격 무기로는 쓰지 못했고, 적에게 겁을 주는 용도로 쓰였어요.

스테고사우루스

튼튼한 다리
체중이 엄청나게 무거웠던 초식 공룡들은 발바닥이 넓고 튼튼한 다리 덕분에 체중을 분산시킬 수 있었어요.

마멘키사우루스의 긴 목

마멘키사우루스의 목은 무려 15미터나 되었어요. 19개나 되는 목뼈 덕분에 긴 목을 어느 방향으로든 마음대로 움직일 수 있었어요. 나무 꼭대기의 부드러운 잎이나 열매는 당연히 마멘키사우루스 차지였지요.

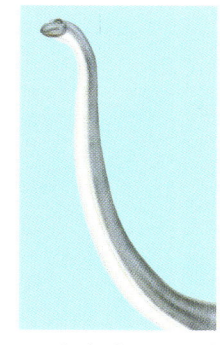

트리케라톱스의 뿔과 목장식

트리케라톱스는 뿔이 세 개였어요. 코 위에는 작은 뿔 하나가 있었고, 이마에는 1미터가 넘는 긴 뿔 두 개가 있었지요. 이 뿔 세 개가 육식 공룡의 공격으로부터 목숨을 지켜 주었어요. 또 목 위에 있는 커다란 목 장식도 적의 공격으로부터 자신을 지켜 주었어요.

체온 조절기를 가진 오우라노사우루스

오우라노사우루스는 몸길이가 7미터 정도였어요. 오우라노사우루스의 가장 큰 특징은 등에 솟아 오른 부채 모양의 돌기예요. 이 돌기를 펴거나 오므려 체온을 조절했을 거예요.

투오지앙고사우루스의 뼈 판

투오지앙고사우루스의 등에 난 뼈 판은 매우 날카롭고 뾰족해서 아무리 사나운 육식 공룡이라도 함부로 달려들지 못했어요. 하지만 투오지앙고사우루스는 식물을 먹고 사는 온순한 초식 공룡이었어요.

노도사우루스의 혹투성이 갑옷

노도사우루스의 등에는 오톨도톨한 혹이 나 있었어요. 이 등껍질이 육식 공룡으로부터 노도사우루스를 보호해 주었어요. 적을 발견한 순간, 땅바닥에 납작 엎드리기만 하면 목숨을 건질 수 있었지요.

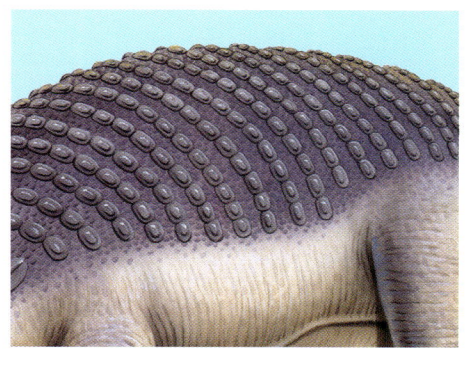

스테고사우루스의 꼬리 창
스테고사우루스의 꼬리 끝에는 뾰족한 창이 쌍을 이루고 있었어요. 이 창에 찔리면 육식 공룡도 심한 상처를 입었지요. 어떤 초식 공룡의 꼬리 끝에는 곤봉처럼 뼈가 뭉쳐져 있는 것도 있었어요.

중생대의 마지막 시대! 공룡의 전성과 멸종!

백악기
Cretaceous period

공룡의 전성기예요. 오리주둥이 공룡과 뿔이 있는 공룡 등 새로운 공룡들이 계속 등장하여 공룡의 종류가 가장 많았던 시기예요. 하지만 갑자기 공룡이 모두 사라진 때이기도 하지요.

트리케라톱스

이구아노돈

갈리미무스
Gallimimus

가늘고 긴 다리로 성큼성큼 잘 달리는 갈리미무스는 꼭 타조처럼 생긴 공룡이에요. 이름도 '닭을 닮았다.'라는 뜻이랍니다. 가장 빠른 공룡 중 하나예요. 뒷다리의 정강이가 허벅지보다 길고 튼튼해서 티라노사우루스처럼 무시무시한 육식 공룡이 나타나면 시속 50킬로미터 이상으로 달릴 수 있는 달리기 선수였어요. 식물이 아주 잘 자라는 반 사막의 건조한 지역에 살면서 나무 열매나 도마뱀, 곤충 등을 먹었어요.

뻣뻣하고 긴 **꼬리**는 몸의 균형을 잡아 주었어요.

뒷다리는 정강이가 허벅지보다 길고 튼튼해서 단거리 달리기 선수처럼 잘 달릴 수 있었어요. 뒷발에도 발가락이 3개 있었어요.

얼마나 컸을까요?
길이 : 6미터
몸무게 : 110~400킬로그램

무엇을 먹었을까요?
잡식

언제 살았을까요?

| 트라이아스기 | 쥐라기 | 백악기 | **말기** |

어디에서 살았을까요?

아시아 (몽골)

커다란 **눈**은 머리 옆에 있어서 사방을 골고루 살펴볼 수 있었어요. 시력도 좋아 먹이를 잘 발견했어요. 적이 다가오는 것도 빨리 알아차릴 수 있었어요.

앞발은 뒷다리에 비해 짧지만 긴 발가락이 3개 있었어요. 길고 휘어진 발톱이 있어서 도마뱀 같은 먹이를 잘 붙잡을 수도 있었어요.

기가노토사우루스
Giganotosaurus

기가노토사우루스란 '거대한 남부 도마뱀'이라는 뜻이에요. 육식 공룡 중에서 가장 큰 공룡이에요. 티라노사우루스보다 키가 크고 몸길이도 길었지만, 티라노사우루스보다 날씬했어요. 몸무게가 사람 125명을 합친 것과 같았을 정도로 어마어마했어요. 두 발로 걸었으며, 몸무게가 70톤이나 되는 초식 공룡 아르젠티노사우루스를 잡아먹을 만큼 무시무시한 사냥꾼이었어요.

얼마나 컸을까요?
길이 : 14미터
몸무게 : 8톤

무엇을 먹었을까요?
육식

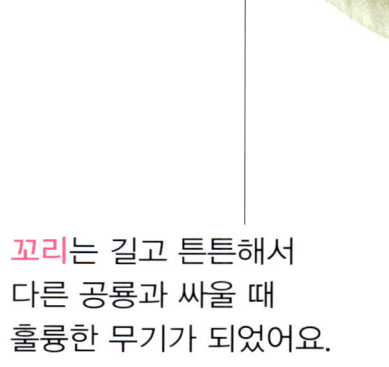

꼬리는 길고 튼튼해서 다른 공룡과 싸울 때 훌륭한 무기가 되었어요.

언제 살았을까요?

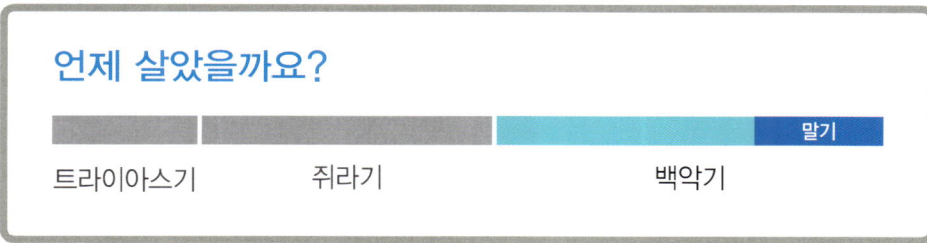

트라이아스기 | 쥐라기 | 백악기 (말기)

머리는 알로사우루스보다 2배는 컸어요. 뼈로 된 돌기도 있었어요.

칼날 같은 긴 **이빨**은 가장자리가 톱니 모양이어서 먹이를 쉽게 자를 수 있었어요.

짧은 **앞발**엔 발가락이 3개 있었어요. 날카로운 발톱이 있어서 먹이를 움켜쥘 수도 있었어요.

어디에서 살았을까요?

남아메리카 (아르헨티나)

데이노니쿠스
Deinonychus

데이노니쿠스란 '무시무시한 발톱'이라는 뜻이에요. 뒷발에 낫처럼 생긴 무서운 발톱이 있었어요. 평소에는 땅에 닿지 않도록 높이 들고 다녔지만, 적과 싸울 때는 용수철처럼 휙 튀어나와 상대방에게 치명적인 상처를 입혔어요. 뇌가 다른 공룡보다 훨씬 크고 무거워서 아주 영리한 공룡이었어요. 민첩하게 움직일 수 있었으며, 높이 뛰어오를 수도 있는 재주 많은 사냥꾼이었지요.
커다란 초식 공룡인 테논토사우루스와 여러 마리의 데이노니쿠스 화석이 함께 발견된 것으로 보아, 여러 마리가 힘을 합쳐 자신들보다 훨씬 큰 초식 공룡도 잡아먹은 것을 알 수 있어요.

얼마나 컸을까요?
길이 : 2.5~4미터
몸무게 : 75킬로그램

무엇을 먹었을까요?
육식

뒷다리가 튼튼해서 사냥을 할 때면 시속 40킬로미터로 달릴 수 있었어요.

언제 살았을까요?

트라이아스기　　쥐라기　　　초기　　백악기

어디에서 살았을까요?

북아메리카 (미국)

꼬리는 엉덩이뼈와 연결된 부분은 유연하지만, 나머지 부분은 뻣뻣했어요. 높이 뛰어오르거나 재빨리 움직일 때 이 꼬리가 몸의 균형을 잘 잡아 주었어요.

턱이 단단했으며, 가장자리가 톱니처럼 생긴 날카로운 이빨이 70개나 있었어요. 이 이빨들은 입 안쪽으로 휘어져 있어서 사냥감을 물어 죽이기보다는 고기를 자르는데 더 알맞았어요.

몸에 비해 **머리**가 컸어요. 하지만 가벼워서 높이 뛰는 데는 상관이 없었어요.

낫처럼 생긴 이 무시무시한 **발톱**은 사냥감의 가죽과 근육을 쉽게 찢을 수 있었어요. 이 발톱은 위아래로 잽싸게 움직일 뿐만 아니라 90도 이상 회전할 수도 있었어요.

앞발가락이 3개였어요. 발톱이 긴 갈고리같이 생겨서 먹이가 도망치지 못하도록 꽉 잡을 수 있었어요.

미크로랍토르
Microraptor

미크로랍토르는 '작은 약탈자'라는 뜻이에요. 지금까지 발견된 공룡 중에서 몸집이 가장 작아요. 다른 공룡들은 두 개의 가슴뼈를 가지고 있지만, 이 공룡은 평평한 하나의 뼈를 가지고 있어요. 네 다리에 날개가 달려 있었어요. 깃털로 덮인 날개로 나무와 나무 사이를, 높은 곳에서 낮은 곳으로, 또는 낮은 곳에서 높은 곳으로 점프하듯 날아다녔어요. 우리나라에서도 살았어요.

얼마나 컸을까요?
길이 : 80센티미터
몸무게 : 1킬로그램

무엇을 먹었을까요?
육식

언제 살았을까요?	
트라이아스기	쥐라기	백악기 (초기)

어디에서 살았을까요?

아시아
(중국, 몽골, 대한민국)

날개로 나무와 나무 사이를 점프하듯이 날아다녔지만 새처럼 오래 날지는 못했어요. 또 높이 날지도 못했어요.

온몸에 난 **깃털**로 체온을 유지했어요.

벨로키랍토르
Velociraptor

벨로키랍토르는 '날쌘 도둑'이라는 뜻이에요. 이들은 시속 50킬로미터로 달릴 수 있는 날쌘 사냥꾼이었어요. 몸이 민첩하고 영리해서 무리를 지어 사냥을 했어요. 뒷발 두 번째의 갈고리 발톱은 아주 무시무시한 무기였어요. 이 공룡이 갈고리 발톱으로 프로토케라톱스의 배를 쫙 찢고 있는 화석도 발견되었어요. 우리나라에서도 살았답니다.

얼마나 컸을까요?
길이 : 1.5~2미터
몸무게 : 15킬로그램

무엇을 먹었을까요?
육식

강하고 긴 **꼬리**는 높이 뛰어오를 때 몸의 균형을 잘 잡아 주었어요.

뒷다리가 길고 튼튼해서 높이 뛰어오를 수 있었어요.

낫처럼 생긴 뒷발 두 번째 **발톱**은 아주 무시무시한 무기였어요. 이 발톱이 땅에 닿아 닳지 않도록 위로 올리고 다녔어요. 하지만 적을 공격할 때면 칼처럼 날카로운 이 발톱이 앞으로 튀어나와 상대방에게 치명적인 상처를 입혔어요.

언제 살았을까요?

| 트라이아스기 | 쥐라기 | 백악기 (말기) |

어디에서 살았을까요?

아시아
(중국, 몽골)

몸놀림이 민첩했어요.

뒤로 휘어진 날카로운 **이빨**로 먹이를 꽉 물 수 있었어요.

길쭉한 **머리**와 납작한 **주둥이**는 꼭 악어처럼 생겼어요. 머리도 좋았어요.

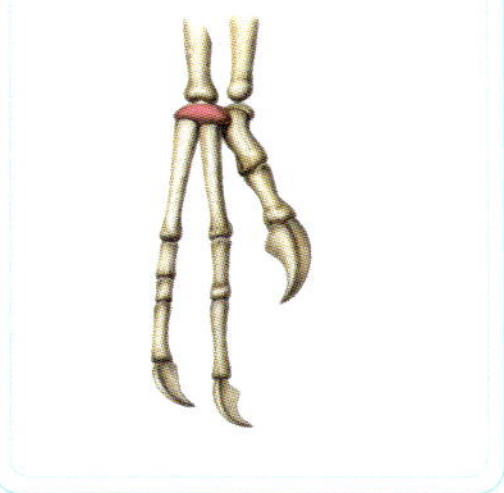

대부분의 동물들은 앞발이 위아래로만 움직일 수 있는데, 이 공룡은 반달 모양의 앞**발목뼈** 덕분에 좌우로도 움직일 수 있었어요. 이런 동작은 나중에 새가 날갯짓을 하는 방식에 이용되었어요.

반달 모양의 뼈

97

스티기몰로크
Stygimoloch

스티기몰로크는 '지옥의 강에서 나온 악마'라는 뜻이에요. 이 공룡이 악마의 모습처럼 머리에 가시가 나 있고, 화석이 발견된 곳이 미국의 헬크리크라는 '지옥의 강변'이어서 붙여진 이름이에요. 머리뼈가 두꺼운 공룡으로, 머리뼈 뒤쪽으로 양쪽에 세 개 또는 네 개의 뿔이 솟아 있었어요. 10센티미터 길이의 뿔은 공격 무기는 아니었고, 단지 장식용이었어요. 머리뼈는 그다지 단단하지 않아 공격 무기로 사용하지는 못했어요. 날카로운 앞니로 식물을 잘라낸 뒤 어금니로 으깨 먹었어요.

꼬리를 휘둘러서 자신을 보호했어요. 또한 꼬리를 뒤로 쭉 뻗어서 몸의 균형을 잡았어요.

얼마나 컸을까요?
길이 : 2~3미터
몸무게 : 78~80킬로그램

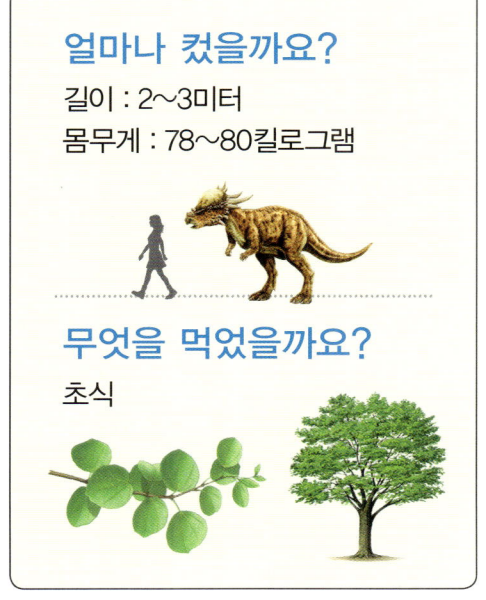

무엇을 먹었을까요?
초식

어디에서 살았을까요?
북아메리카 (미국)

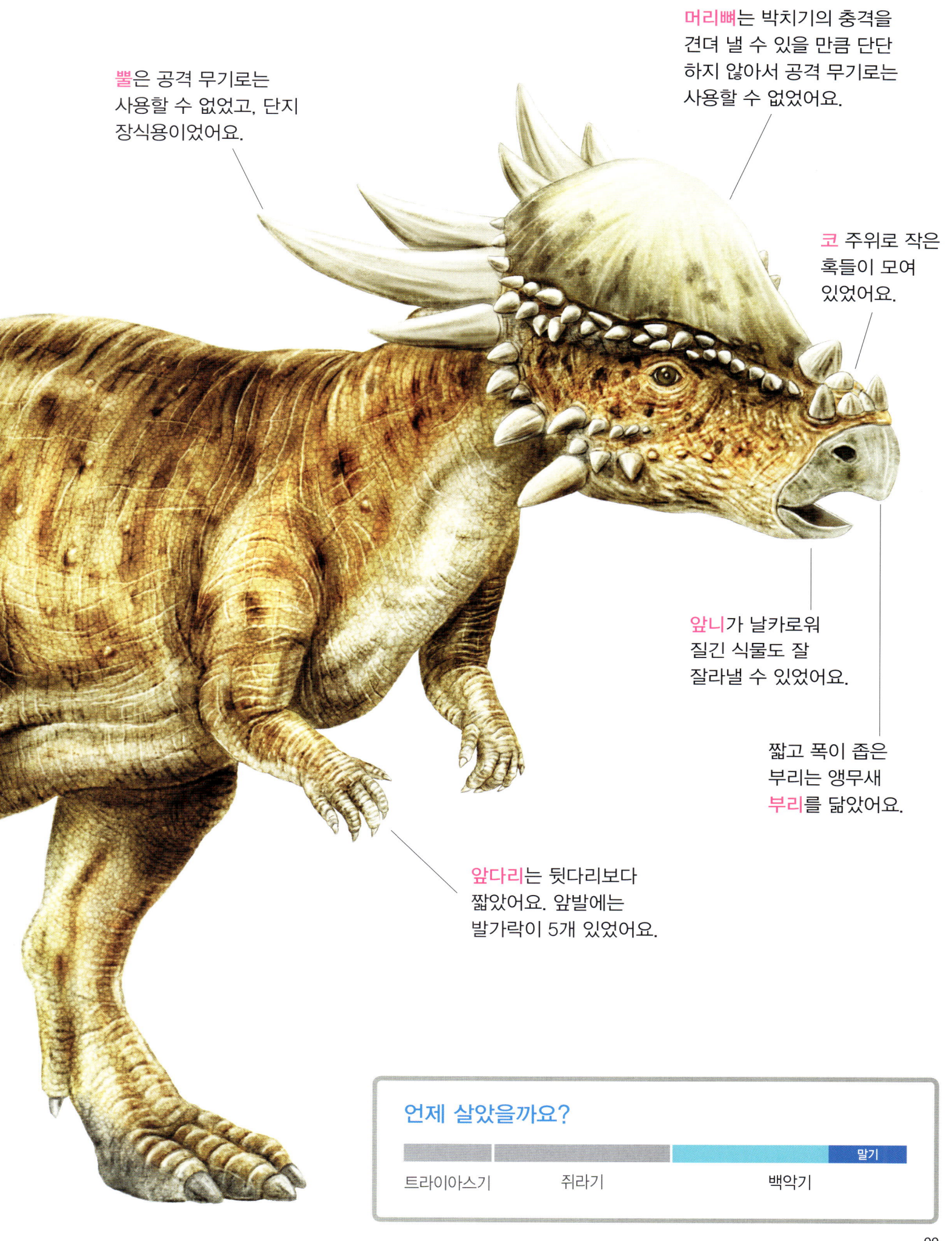

시노케라톱스
Sinoceratops

시노케라톱스는 '중국의 뿔 달린 얼굴'이란 뜻이에요. 이 공룡의 화석이 중국에서 발견되어 붙여진 이름이에요. 뿔 공룡(각룡류)의 일종으로, 중국에서 발견된 최초의 케라톱스과 공룡이며 아시아에서 발견된 유일한 케라톱스과 공룡이에요. 네 발로 걸었으며 코에는 짧고 굽은 뿔이 있었지만 눈 위에는 뿔이 없었어요. 머리 뒤쪽에 커다란 목장식이 있었는데, 목장식 둘레에 앞쪽으로 굽은 작은 뿔들이 10개 이상 있었어요. 목장식 둘레의 작은 뿔 사이사이에는 작은 혹들이 있었어요.

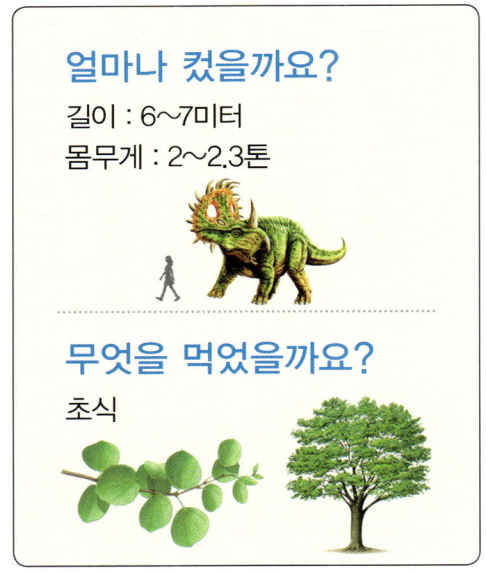

얼마나 컸을까요?
길이 : 6~7미터
몸무게 : 2~2.3톤

무엇을 먹었을까요?
초식

뒷다리가 앞다리보다 컸어요.

언제 살았을까요?

| 트라이아스기 | 쥐라기 | 백악기 | 말기 |

어디에서 살았을까요?

아시아 (중국)

목장식 둘레에 10개 이상의 앞쪽으로 굽은 작은 뿔들이 있었어요. 이 뿔들 사이사이에 작은 혹들이 있었어요.

코 위에 짧고 굵은 뿔이 있었어요.

눈 위에는 뿔이 없었어요.

네 발로 걸었어요. 튼튼한 네 발은 큰 몸을 지탱해 주는 데 안성맞춤이었어요.

아크로칸토사우루스
Acrocanthosaurus

아크로칸토사우루스란 '등뼈가 튀어나온 도마뱀'이라는 뜻이에요. 목에서 꼬리까지 돌기가 솟아 있었거든요. 자신보다 큰 초식 공룡도 잡아먹었을 정도로 무시무시한 공룡이에요. 뿐만 아니라 썩은 고기도 먹어치웠답니다.

얼마나 컸을까요?
길이 : 9~12미터
몸무게 : 2톤

무엇을 먹었을까요?
육식

꼬리는 아주 튼튼했어요.

긴 **뒷다리**는 그다지 강하지 않았어요.

어디에서 살았을까요?
북아메리카 (미국)

언제 살았을까요?

| 트라이아스기 | 쥐라기 | 백악기 (초기) |

등뼈가 튀어나온 것처럼 보이는 이 **돌기**는 60센티미터나 되는 것도 있어요. 이 돌기가 목과 꼬리의 강한 근육을 지탱해 주었어요.

머리가 컸어요.

앞발가락이 3개예요. 사나운 육식 공룡답게 휘어진 발톱이 아주 날카로웠어요.

턱이 튼튼하고 톱니 같은 **이빨**이 있어서 먹잇감을 쉽게 물어뜯을 수 있었어요.

안킬로사우루스
Ankylosaurus

안킬로사우루스란 '연결된 도마뱀'이라는 뜻이에요. 온몸을 뒤덮고 있는 뼈로 된 판이 등을 가로질러 서로 연결되어 있기 때문에 이런 이름이 붙여졌어요. 갑옷 공룡(곡룡류) 중에서 가장 큰 공룡이에요. 뼈로 된 판과 뾰족하게 솟은 가시가 몸을 보호해 주었어요. 하지만 배부분은 갑옷이 없어서 적의 공격을 받으면 납작 엎드려 배를 보호했어요. 천천히 걸어다니며 키 작은 식물을 먹었어요. 공룡이 모두 사라질 때까지 지구에 살아남았던 공룡이에요.

꼬리 끝에는 넓고 긴 꼬리 **곤봉**이 있었어요. 커다란 뼈가 뭉쳐져서 된 것이기 때문에 아주 단단했어요. 이것에 한 번 맞으면 사나운 육식 공룡의 뼈도 무사하지 못했어요.

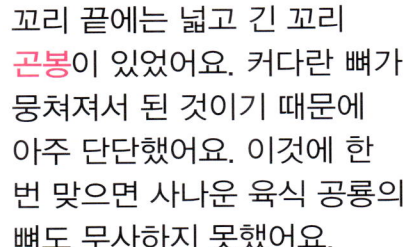

꼬리는 근육이 발달해서 튼튼했어요.

얼마나 컸을까요?
길이 : 10미터 · 몸무게 : 6톤

무엇을 먹었을까요?
초식

언제 살았을까요?

| 트라이아스기 | 쥐라기 | 백악기 **말기** |

어디에서 살았을까요?

북아메리카
(미국, 캐나다)

뼈로 된 **판**이 갑옷처럼 온몸을 덮고 있었어요. 뾰족한 가시까지 있어서 훌륭한 방어 무기가 되었어요. 적이 공격해 오면 납작 엎드려서 갑옷이 없는 연약한 배를 보호했어요.

머리는 넓고 튼튼했어요. 길이가 76센티미터나 됐지요. 머리뼈 뒤쪽에 뿔 같은 돌기가 삐죽 나와 있었어요. 머리도 뼈로 된 판이 완전히 둘러싸고 있었어요.

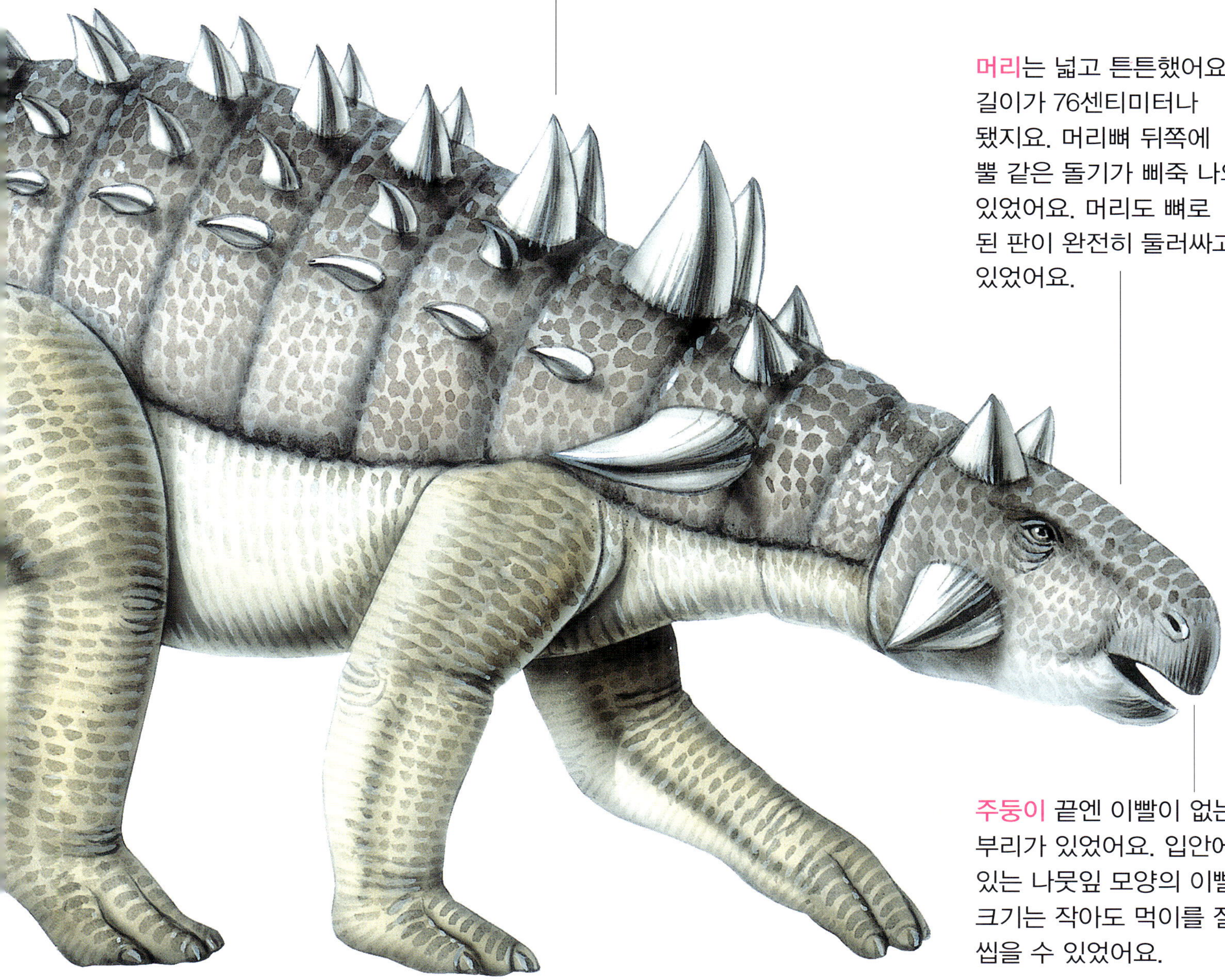

주둥이 끝엔 이빨이 없는 부리가 있었어요. 입안에 있는 나뭇잎 모양의 이빨은 크기는 작아도 먹이를 잘 씹을 수 있었어요.

오비랍토르
Oviraptor

오비랍토르는 '알 도둑'이라는 뜻이에요. 맨 처음 오비랍토르의 화석이 발견되었을 때 알과 함께 있었기 때문에 알 도둑이라고 이름을 붙였어요. 하지만 나중에 오비랍토르가 알을 품고 있는 화석이 발견되어 새처럼 둥지를 틀고 새끼를 돌본 공룡으로 밝혀졌어요. 작은 포유류나 파충류, 곤충, 알, 나뭇잎 등을 먹었어요.

꼬리는 다른 수각류 공룡보다 짧았어요.

뒷다리가 튼튼해서 빨리 달릴 수 있었어요.

주둥이와 머리 위에 뼈로 된 둥근 **볏**이 있었어요.

눈이 컸어요.

입이 새 부리처럼 생겼어요. 이빨이 없는 대신 주둥이 안에 구부러진 한 쌍의 작은 돌기가 있었어요.

앞발에는 아주 긴 발가락이 3개 있었어요. 이 발가락으로 물건을 움켜쥘 수도 있었어요. 날카로운 발톱은 아주 훌륭한 무기였어요.

얼마나 컸을까요?

길이 : 2미터
몸무게 : 20~36킬로그램

무엇을 먹었을까요?

잡식

언제 살았을까요?

트라이아스기　　쥐라기　　백악기　　말기

어디에서 살았을까요?

아시아
(중국, 몽골)

이구아노돈
Iguanodon

이구아노돈이란 '이구아나의 이빨'이라는 뜻이에요. 이 공룡의 이빨 화석이 이구아나의 이빨과 비슷하다고 해서 영국의 기디언 맨텔이 이런 이름을 붙였어요. 공룡 중에서 두 번째로 이름이 붙여졌으며, 세계 여러 나라에서 화석이 발견되었어요. 앞발 엄지발가락에 있는 송곳처럼 뾰족한 발톱을 무기로 사용했어요. 성질이 온순했으며, 여럿이 함께 모여 살았어요.

어디에서 살았을까요?
아시아(몽골)
북아메리카(미국)
아프리카(튀니지)
유럽(벨기에, 영국, 독일, 에스파냐)

육식 공룡이 공격해 오면 단단한 꼬리를 휘둘러서 자신을 보호했어요. 또한 꼬리를 뒤로 쭉 뻗어서 몸의 균형을 잡았어요.

뒷다리가 발달해서 두 발로 걸었어요. 하지만 네 발로도 잘 걸었어요. 뒷발가락은 3개였어요.

언제 살았을까요?

| 트라이아스기 | 쥐라기 | **초기** 백악기 |

얼마나 컸을까요?
길이 : 10미터 · 몸무게 : 3톤

무엇을 먹었을까요?
초식

몸집이 튼튼했어요.

냄새를 잘 맡았어요.

이빨이 크고 평평해서 나뭇잎이나 열매 등을 먹기에 알맞았어요. **주둥이**에는 단단한 부리가 있었어요.

앞발 엄지발가락에는 송곳처럼 뾰족한 발톱이 있었어요. 이 발톱은 싸울 때 아주 훌륭한 무기로 쓰였어요. 다섯 번째 앞발가락을 안으로 구부려서 물건을 쥘 수도 있었어요.

카르노타우루스
Carnotaurus

카르노타우루스란 '고기를 먹는 황소'라는 뜻이에요. 눈 위에 큰 뿔이 한 쌍 나 있어서 황소처럼 보이거든요. 특히 머리에 난 뿔과 등과 옆구리에 난 돌기 때문에 무시무시해 보여요. 하지만 턱뼈가 약해서 큰 동물을 사냥하지는 못했어요.

얼마나 컸을까요?
길이 : 7.6미터
몸무게 : 1톤

무엇을 먹었을까요?
육식

달리거나 갑자기 방향을 바꿀 때 거대한 **꼬리**가 몸의 중심을 잡아 주었어요. 이 꼬리를 휘둘러 사냥감을 기절시키기도 했어요.

언제 살았을까요?
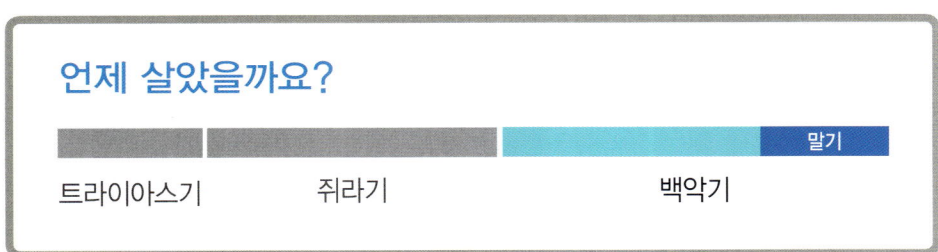

트라이아스기 쥐라기 백악기 말기

어디에서 살았을까요?
남아메리카
(아르헨티나)

뿔은 무기로 쓰이기보다는 상대방에게 겁을 주거나 짝짓기를 할 때 잘 보이기 위한 용도로 쓰였을 거예요.

눈이 약간 앞을 향해 있어서 옆과 앞을 다 볼 수 있었어요.

작은 돌기가 머리와 몸에 나 있었어요.

두꺼운 머리에 비해 아래턱이 약했어요. 이빨도 그리 튼튼한 편은 아니었어요.

앞발이 아주 작고 뭉툭해서 별로 쓸모가 없었어요.

커다란 뒷발가락이 무거운 몸무게를 지탱했어요.

타르보사우루스
Tarbosaurus

타르보사우루스란 '놀라게 하는 도마뱀'이라는 뜻이에요. 티라노사우루스와 비슷하지만 이빨이 작고 납작하며, 앞발도 더 작아요. 또한 머리의 폭이 훨씬 더 좁고 눈이 앞쪽으로 잘 향하지 못했어요. 공룡 학자들은 티라노사우루스와 친척쯤 될 거라고 생각하고 있어요. 이 공룡이 아시아에서 발견되어 티라노사우루스가 아시아에서 살다가 북아메리카로 옮겨 갔다는 사실이 증명되었지요. 우리나라에서도 살았답니다.

튼튼한 **꼬리**를 휘둘러 사냥감을 혼내 주었어요. 이 꼬리는 달릴 때 몸의 균형을 잡아 주기도 했어요.

짧은 **앞다리**에 발가락이 2개 있었어요. 크기는 비록 작지만 힘이 세고 날카로운 발톱도 있었어요.

얼마나 컸을까요?
길이 : 7~12미터
몸무게 : 1.5~4톤

무엇을 먹었을까요?
육식

언제 살았을까요?

트라이아스기 / 쥐라기 / 백악기 (말기)

어디에서 살았을까요?

아시아 (몽골, 한국)

머리뼈에 빈 공간이 많아서 크기에 비해 가벼웠어요.

날카로운 이빨이 있었지만 아래턱뼈가 그리 세지는 않았어요. 그래서 다른 공룡이 사냥한 것을 빼앗아 먹거나 죽은 동물의 시체도 먹었을 거예요.

뒷다리가 튼튼해서 사냥하기에 좋았어요. 뒷발가락은 4개였어요.

테논토사우루스
Tenontosaurus

테논토사우루스란 '힘줄 도마뱀'이라는 뜻이에요. 등에서 꼬리까지 튼튼한 힘줄이 있어서 붙여진 이름이에요. 몸길이에 비해 꼬리가 긴 공룡이에요. 데이노니쿠스 여러 마리가 테논토사우루스를 공격하는 화석이 발견되기도 했어요. 성격은 온순했으며, 여러 마리가 모여 살았어요.

얼마나 컸을까요?
길이 : 7미터
몸무게 : 1톤

무엇을 먹었을까요?
초식

언제 살았을까요?
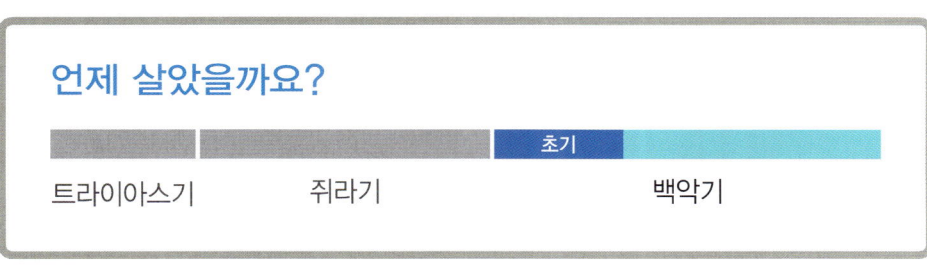
트라이아스기 | 쥐라기 | 초기 백악기

어디에서 살았을까요?
북아메리카 (미국)

꼬리가 몸길이의 반이 될 정도로 길었어요. 꼬리는 꽤 두껍고 튼튼했는데 강한 힘줄이 꼬리를 감싸고 있어서 더욱 튼튼하게 해 주었어요. 이 꼬리가 몸의 균형을 잘 잡아 주었어요.

이빨이 크고 튼튼해서 나뭇잎이나 열매 등을 잘 먹었어요.

앞다리는 길고 강했는데 발가락이 5개였어요. 아주 날카로운 발톱이 있어서 적과 잘 싸울 수 있었어요.

뒷다리가 길었어요. 평소에는 네 발로 천천히 걷다가 육식 공룡이 나타나면 두 발로 빨리 뛸 수도 있었어요.

테리지노사우루스
Therizinosaurus

테리지노사우루스란 '큰 낫 도마뱀'이라는 뜻이에요. 앞발톱이 커다란 낫처럼 생겨서 붙여진 이름이에요. 아직 완전한 뼈 화석이 발견되지 않았어요. 하지만 테리지노사우루스가 세상에서 가장 큰 발톱을 가진 동물이라는 것만은 분명해요. 몸집이 큰 이 공룡은 천천히 두 발로 걸어다녔는데 가끔 네 발로 걷기도 했어요. 낫처럼 생긴 긴 발톱은 적과 싸울 때 무기로 이용되었어요. 우리나라에서도 살았어요.

얼마나 컸을까요?
길이 : 9미터 · 몸무게 : 6톤

무엇을 먹었을까요?
잡식

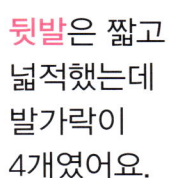

뒷발은 짧고 넓적했는데 발가락이 4개였어요.

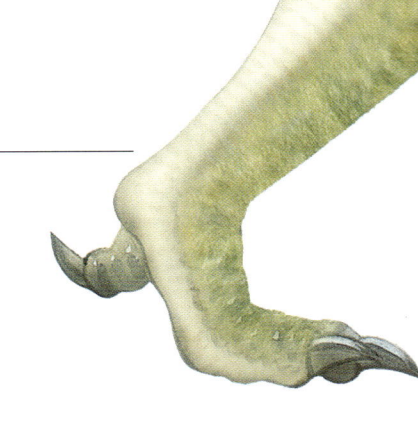

언제 살았을까요?

| 트라이아스기 | 쥐라기 | 백악기 | 말기 |

어디에서 살았을까요?

아시아
(몽골, 중국)

머리는 작았어요.

긴 **목**이 머리를 받치고 있었어요.

앞발에는 낫처럼 생긴 긴 발톱이 3개 있었어요. 특히 첫 번째 발톱이 가장 컸는데, 60센티미터나 되었어요. 이 앞발톱으로 흰개미집을 부수거나 나뭇가지를 잡아당기곤 했을 거예요. 또 싸울 때 방어 무기로도 사용했을 거예요.

트루돈

Troodon

트루돈이란 '상처를 입히는 이빨'이라는 뜻이에요. 구부러진 이빨 때문에 이런 이름이 붙었답니다. 특별한 공격 무기는 없었지만 아주 영리해서 무리를 지어 사냥할 줄 알았어요. 눈도 좋고 날렵한 몸매와 긴 다리 덕분에 민첩하게 움직일 수 있었어요. 하지만 턱이 약해 큰 동물보다는 작은 포유류나 도마뱀 등을 사냥했어요.

얼마나 컸을까요?

길이 : 2미터
몸무게 : 50킬로그램

무엇을 먹었을까요?

육식

가늘고 긴 **꼬리**가 몸의 균형을 잡아 주었어요.

언제 살았을까요?

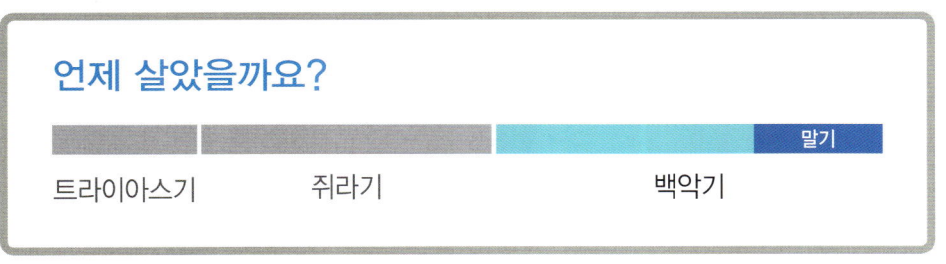

트라이아스기 | 쥐라기 | 백악기 | 말기

어디에서 살았을까요?

북아메리카
(미국, 캐나다)

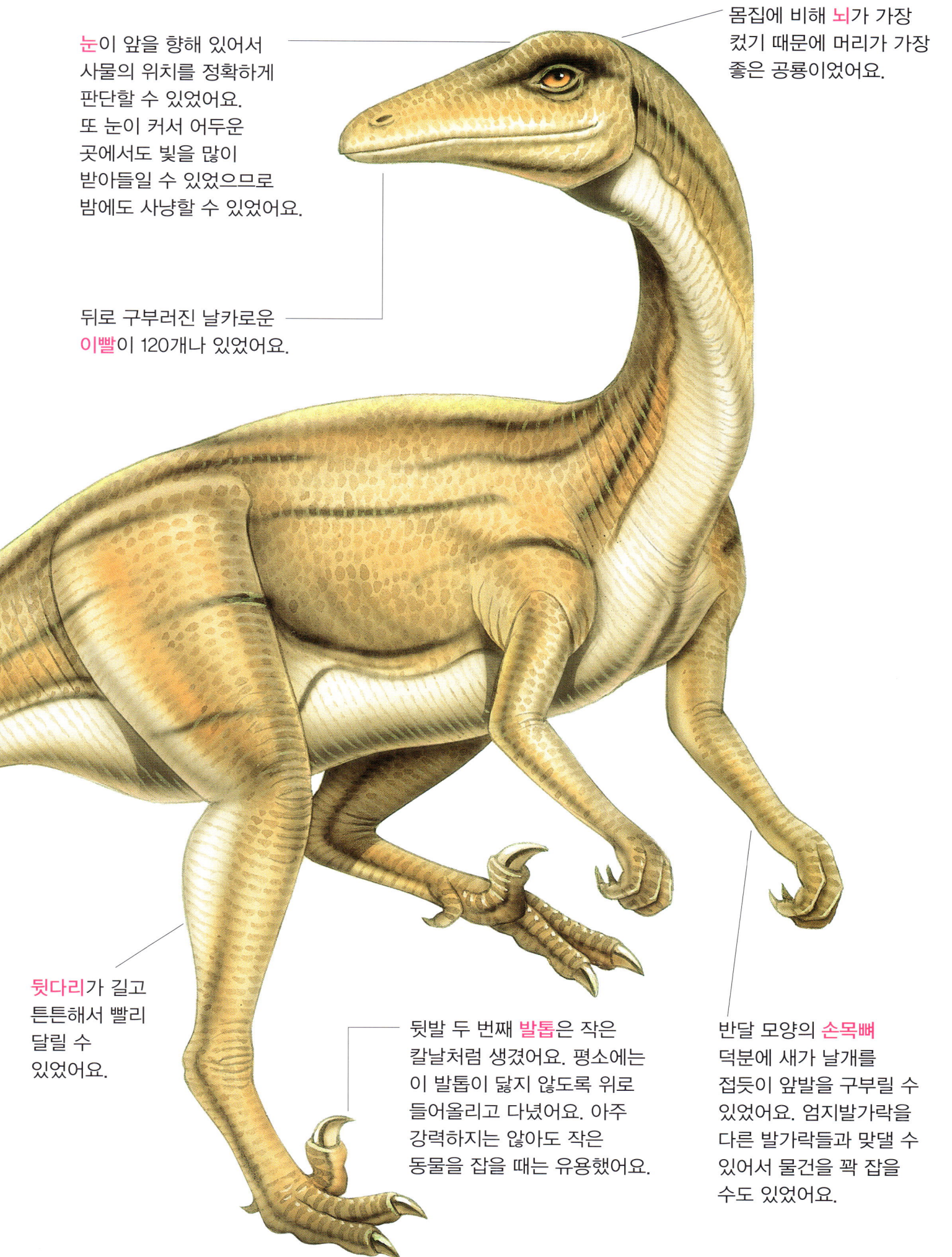

눈이 앞을 향해 있어서 사물의 위치를 정확하게 판단할 수 있었어요. 또 눈이 커서 어두운 곳에서도 빛을 많이 받아들일 수 있었으므로 밤에도 사냥할 수 있었어요.

뒤로 구부러진 날카로운 이빨이 120개나 있었어요.

몸집에 비해 뇌가 가장 컸기 때문에 머리가 가장 좋은 공룡이었어요.

뒷다리가 길고 튼튼해서 빨리 달릴 수 있었어요.

뒷발 두 번째 발톱은 작은 칼날처럼 생겼어요. 평소에는 이 발톱이 닿지 않도록 위로 들어올리고 다녔어요. 아주 강력하지는 않아도 작은 동물을 잡을 때는 유용했어요.

반달 모양의 손목뼈 덕분에 새가 날개를 접듯이 앞발을 구부릴 수 있었어요. 엄지발가락을 다른 발가락들과 맞댈 수 있어서 물건을 꽉 잡을 수도 있었어요.

트리케라톱스
Triceratops

트리케라톱스란 '뿔이 세 개 있는 얼굴'이라는 뜻이에요. 코 위에 짧은 뿔이 하나 있고, 눈 위에 큰 뿔이 두 개 있었거든요. 뿔 공룡 중에서 가장 크고 무거운 공룡이에요. 가장 흔한 뿔 공룡이기도 했어요. 성격이 온순했으며, 나뭇잎이나 열매 등을 먹으면서 여럿이 함께 모여 살았어요. 번식력이 무척 강해서 지구에서 공룡이 사라질 때까지 살아남은 공룡이에요.

얼마나 컸을까요?
길이 : 9미터 · 몸무게 : 10톤

무엇을 먹었을까요?
초식

다리가 아주 튼튼했어요. 발끝에는 뭉툭한 발굽이 있었어요. 걸음의 폭이 좁고, 몸이 워낙 무거워서 네 발로 천천히 걸어다녔어요.

언제 살았을까요?

| 트라이아스기 | 쥐라기 | 백악기 말기 |

어디에서 살았을까요?

북아메리카
(미국, 캐나다)

뼈로 된 **목장식** 둘레에는 뾰족한 돌기가 빙 둘러 나 있었어요. 목장식을 포함한 머리뼈 길이가 2미터나 되었어요. 목장식에는 구멍이 없어서 꽤 무거웠어요. 적과 싸울 때 이것을 곧추세워 크게 보이게 함으로써 상대방을 위협하곤 했어요.

눈 위의 **뿔**은 1미터나 되었어요. 이 뿔들은 육식 공룡과 싸울 때나 암컷을 서로 차지하려고 할 때 사용했어요.

날카로운 **이빨** 수십 개가 빽빽이 나 있어서 딱딱한 열매나 질긴 식물도 잘 먹었어요. 주둥이는 앵무새 부리처럼 뾰족하고 단단했어요.

121

티라노사우루스
Tyrannosaurus

티라노사우루스란 '폭군 도마뱀'이라는 뜻이에요. 공룡 중에서 가장 힘이 세고 성질이 사나운 공룡이거든요. 정확한 이름은 '티라노사우루스 렉스'인데 줄여서 '티렉스'라고도 불러요. 거대한 몸집과 강력한 이빨로 산 공룡을 비롯하여 죽은 동물까지 먹어치운 무서운 사냥꾼이었어요.

달리거나 갑자기 방향을 바꿀 때 거대한 꼬리가 몸의 중심을 잡아 주었어요. 이 꼬리를 휘둘러 사냥감을 기절시키기도 했어요.

얼마나 컸을까요?
길이 : 12~14미터
몸무게 : 7톤

무엇을 먹었을까요?
육식

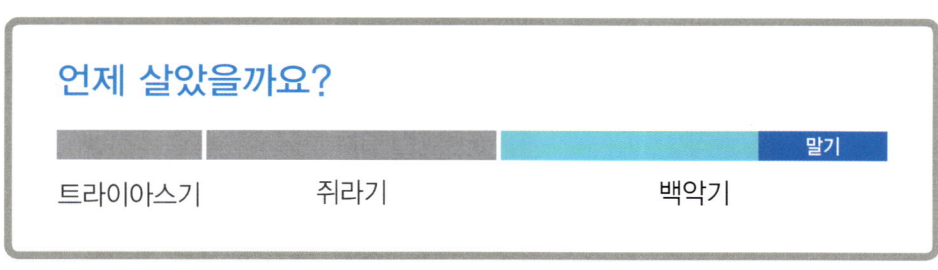

언제 살았을까요?
트라이아스기 | 쥐라기 | 백악기 (말기)

어디에서 살았을까요?
아시아(중국), 북아메리카 (미국, 캐나다)

파라사우롤로푸스
Parasaurolophus

파라사우롤로푸스란 '관 도마뱀과 비슷하다.'는 뜻이에요. 뒤쪽에 속이 빈 긴 관이 있기 때문에 이런 이름이 붙었어요. 관은 코까지 연결되어 있었고, 등에는 머리의 관을 뒤로 젖히면 딱 들어맞는 홈이 있었어요. 가장 진화한 초식 공룡 중 하나예요. 특별한 방어 무기가 없는 대신 몸집이 무척 컸어요. 성질이 온순했으며, 여럿이 함께 모여 살았어요.

얼마나 컸을까요?
길이 : 10미터
몸무게 : 3톤

무엇을 먹었을까요?
초식

긴 **꼬리**가 몸의 균형을 잡아 주었어요.

언제 살았을까요?
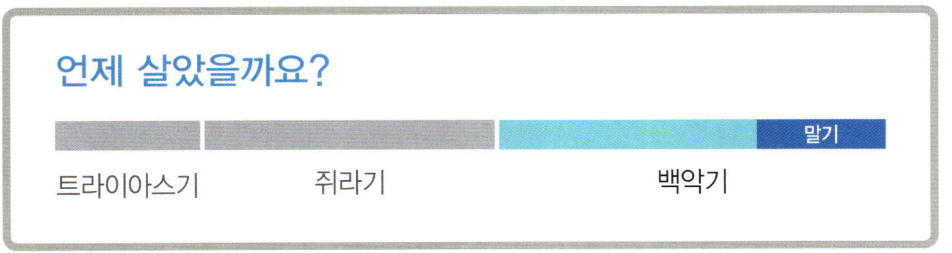
트라이아스기 / 쥐라기 / 백악기 — 말기

어디에서 살았을까요?

북아메리카
(미국, 캐나다)

입이 오리처럼 넓적하게 생겼으며, 작은 이빨이 많아서 여러 가지 식물을 다 잘 먹을 수 있었어요.

머리 뒤쪽에 있는 관은 속이 비고 코까지 연결되어 있었는데, 육식 공룡이 나타나면 이곳에서 낮은 소리를 만들어 서로 신호를 보냈어요. 또 이 관 덕분에 같은 공룡끼리 서로를 빨리 알아볼 수도 있었어요.

특별한 방어 무기가 없는 대신 커다란 몸집이 방어 무기였어요.

평소에는 네 발로 걸었는데, 두 발로 걷기도 했어요.

파키케팔로사우루스
Pachycephalosaurus

파키케팔로사우루스란 '머리가 두꺼운 도마뱀'이라는 뜻이에요. 둥글게 솟아 있는 머리뼈가 아주 두꺼워서 붙여진 이름이에요. 박치기 공룡 중에서 머리뼈가 가장 크고 발달한 공룡이에요. 뾰족한 뿔이나 딱딱한 피부 같은 효과적인 방어 무기가 없는 대신 둥글게 솟은 두꺼운 머리뼈가 유일한 방어 무기였어요. 암컷을 차지하려고 싸울 때나 우두머리를 뽑을 때 이 머리뼈로 박치기를 해서 힘을 겨루었어요.
숲속에서 살았어요.

꼬리는 근육이 많아서 뻣뻣했어요. 이 꼬리가 몸의 균형을 잘 잡아 주었어요.

두 발로 걸었는데, **뒷다리**가 길고 튼튼해서 빨리 달릴 수 있었어요.

언제 살았을까요?

| 트라이아스기 | 쥐라기 | 백악기 | 말기 |

어디에서 살았을까요?

캐나다

머리뼈 뒷부분에는 뼈로 된 **단**이 툭 튀어나와 있었어요. 단 주위로 둥근 돌기가 많이 나 있었어요.

불룩 솟은 **머리뼈**는 두께가 25센티미터나 되었어요. 나이가 들수록 더 두꺼워졌어요. 우두머리를 뽑을 때나 암컷을 차지하려고 싸울 때 박치기로 힘을 겨루었어요. 이때 머리뼈가 충격을 덜어 주었어요.

주둥이 끝엔 단단한 부리가 있었어요. 주둥이 위에는 크고 작은 뾰족한 돌기들이 많이 나 있었어요.

이빨은 작은 편이에요. 뒤로 구부러진 납작한 이빨에 톱니가 있어서 나뭇잎이나 열매 등을 잘 먹을 수 있었어요.

짧은 **앞발**에는 발가락이 5개 있었어요.

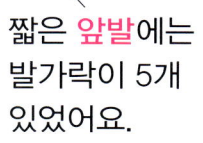

얼마나 컸을까요?

길이 : 5미터
몸무게 : 450킬로그램

무엇을 먹었을까요?

초식

127

 육식 공룡은 무엇을 먹고 살았을까요?

공룡은 무엇을 먹고 살았느냐에 따라 식물을 먹는 초식성과 동물을 먹는 육식성, 그리고 식물과 동물을 다 먹는 잡식성으로 나뉘어요.

육식 공룡은 몸집이 작아 재빨리 움직일 수 있었고, 뒷다리만으로 빨리 달릴 수도 있었어요. 이들은 고기를 먹었지만 씹는 이빨은 없었어요. 다만 빽빽하게 난 날카로운 이빨로 잘게 찢어 삼키는 것이 전부였지요. 육식 공룡이 갓 잡은 고기를 즐겨 먹었는지, 찢기 쉬운 썩은 고기를 좋아했는지는 확실하지 않아요.

쥐라기의 대표적인 육식 공룡인 알로사우루스는 뛰어난 사냥꾼이었어요. 앞발에는 길고 날카로운 발톱

성질이 사나운 메갈로사우루스. 몸의 구조도 사냥하기에 알맞아서 자신보다 훨씬 큰 초식 공룡도 잡아먹었어요.

프시타코사우루스

이 있어 먹이를 잘 잡아뜯을 수 있었지요. 칼처럼 날카롭게 휘어진 이빨이 60여 개나 되었는데, 이 이빨에는 가는 톱니가 있어 먹잇감을 죽이고 자르는 데 효과적이었어요. 또한 위턱과 아래턱이 만나는 곳이 경첩처럼 열리게 되어 있어 큰 고기도 꿀꺽 삼킬 수 있었답니다.

거대한 육식 공룡들은 작은 육식 공룡이 잡은 먹이를 빼앗아 먹거나 다른 공룡의 알을 먹기도 했어요.

콤프소그나투스처럼 작은 육식 공룡은 도마뱀이나 작은 포유류, 곤충들을 먹었어요. 바리오닉스는 물고기도 먹었으며, 코엘로피시스는 같은 종족의 새끼도 잡아먹었어요.

한편, 오르니토미무스 같은 잡식성 공룡은 식물과 동물을 가리지 않고 닥치는 대로 먹었어요.

공룡의 대명사 티라노사우루스

폭군 도마뱀으로 유명한 티라노사우루스는 가장 강력한 육식 공룡이에요. 하지만 아직까지 풀리지 않은 수수께끼가 몇 가지 있어요. 그중 하나는 티라노사우루스의 짧은 앞다리예요. 많은 과학자들은 이 앞다리가 도망가는 먹이를 꽉 잡는 갈고리 역할을 했을 거라고 생각해요. 또 어떤 사람들은 이쑤시개로 사용했거나 일어날 때 손처럼 쓰였을 거라고 주장하기도 해요.

아무튼 티라노사우루스는 어떻게 가장 강한 육식 공룡이 될 수 있었을까요? 과학자들은 티라노사우루스의 눈이 머리 앞쪽에 있어서 다른 육식 공룡보다 먹이의 거리를 잘 알 수 있었고, 뒷다리와 꼬리의 근육이 튼튼해서 민첩하게 움직일 수 있었기 때문에 가장 강한 육식 공룡이 될 수 있었다고 보고 있어요.

메갈로사우루스

루펜고사우루스

티라노사우루스

 초식 공룡은 무엇을 먹고 살았을까요?

초식 공룡은 대부분 몸집이 크고, 행동이 느리며 네 다리로 움직였어요. 하지만 키 큰 나무의 나뭇잎을 먹을 때는 두 개의 앞다리를 위로 올리고 뒷다리만으로 서서 먹기도 했어요.

식물은 고기에 비해 영양분이 부족했기 때문에 많이 먹어야 했답니다. 그러니 초식 공룡의 몸집은 자꾸만 커졌지요. 다행히 먹이인 식물이 많아서 초식 공룡이 먹이를 먹는 데 별 문제는 없었어요. 하지만 다른 문제가 있었어요. 이빨이 원뿔 모양이었기 때문에 잘 씹을 수가 없다는 점이었지요. 또 많은 양을 꼭꼭 씹어 먹을 수도 없었어요. 그래서 초식 공룡들은 작은 돌을 삼켰답니다. 위에서 돌이 서로 부딪히면서 삼킨 먹이를 갈아 소화가 잘 되게 한 것이지요. 그런데 돌을 삼키지 않은 공룡도 있었어요. 오리 주둥이 공룡인 에드몬토사우루스는 부리가 넓고 납작해서 식물을 자르거나 잡아 둘 수 있었어요. 그래서 입안으로 들어온 먹이는 약 1000개가 넘는 이빨로 잘게 부수고 갈았어요. 또 얼굴에 뺨이 있어서 먹이가 입속에 모여 있도록 할 수 있었어요. 덕분에 오리주둥이 공룡은 다른 초식 공룡들이 먹을 수 없었던 나무껍질, 소나무 가지, 심지어 가장 삼키기 어렵다는 침엽수의 뾰족한 잎까지 먹을 수 있었답니다.

해남이크누스

브라키오사우루스

스티기몰로크

각룡류의 조상인 **프로토케라톱스**. 코 위에 뿔이 시작되는 돌기가 있었어요. 턱이 매우 튼튼했으며, 앵무새 부리처럼 생긴 입안에는 질긴 나무줄기도 잘 먹을 수 있는 강한 이빨이 있었어요.

목이 가장 긴 공룡 **마멘키사우루스**. 목이 길어서 아무리 높은 나무 꼭대기에 매달린 나뭇잎이라도 쉽게 따먹을 수 있었어요. 거대한 몸을 유지하기 위해 엄청나게 많이 먹었어요.

초식 공룡의 위 속에는 돌이 있었어요!

거의 모든 초식 공룡은 음식물을 씹지 않았어요. 날카로운 이빨로 자르거나 훑어 낸 나뭇잎을 마구 삼키는 것이 전부였지요. 왜 씹지 않았냐고요? 음식물을 잘게 씹을 수 있는 어금니가 없었기 때문이에요. 하지만 그보다 더 중요한 것은 음식물을 씹을 시간이 없었다는 점이지요. 만약 공룡이 음식물을 꼭꼭 씹어 먹었다면 그 엄청난 몸집을 감당할 수 있는 먹이를 언제 다 먹을 수 있겠어요? 그래서 마구 삼키기만 했던 거예요. 그러다 보니 문제가 생겼어요. 소화가 되지 않았던 거지요. 공룡들은 어쩔 수 없이 작은 돌을 삼켰어요. 위 속으로 들어간 돌이 서로 부딪치면서 삼킨 먹이를 갈아 소화가 잘 되도록 하기 위해서지요. 이러한 돌을 위석이라고 하는데, 초식 공룡들은 위석으로 쓸 돌을 정기적으로 삼켰어요. 어떤 몸집 큰 공룡은 어른 주먹만 한 돌을 무려 백 개나 넘게 배 속에 담고 다니기도 했어요. 어떤 공룡은 너무 큰 돌을 삼키려다 목에 걸려 죽기도 했답니다.

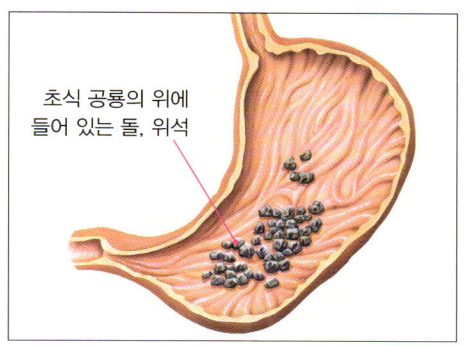

초식 공룡의 위에 들어 있는 돌. 위석

공룡의 배설물 화석

분석이라고 불려지는 공룡의 배설물 화석이에요. 과학자들은 이 화석을 통해 공룡들의 식생활과 먹이 처리 과정, 그리고 생활 양식과 서식지 등에 관한 다양하고 자세한 단서를 얻을 수 있었어요. 지금까지 발견된 것들 중 가장 큰 배설물 화석은 길이가 무려 44센티미터나 된답니다.

공룡의 배설물 화석

에드몬토사우루스

투오지앙고사우루스

공룡 기네스

 공룡은 오랜 세월을 통해 진화하면서 제각각의 특성을 갖게 되었어요. 몸집의 크기도 집채만 한 공룡에서 닭보다 작은 공룡까지 아주 다양했지요. 하지만 오래전에 모두 멸종되어 화석을 통해서만 그러한 사실을 알 수 있을 뿐이에요.
 그럼 지금까지 발견된 것들 중에서 어떤 공룡의 몸이 가장 길까요? 그건 바로 세이스모사우루스예요. 코끝에서 꼬리 끝까지의 길이가 무려 30~40미터, 몸무게는 20~30톤이에요. 처음에는 과학자들도 그 엄청난 몸무게를 지탱했던 세이스모사우루스의 다리 골격 구조를 이해할 수 없어 숙제로 남겨 두어야 했답니다. 한편 육식 공룡 중에서 가장 덩치가 컸던 것은 기가노토사우루스예요. 몸무게 8톤, 몸길이는 약 14미터나 되었어요. 몸집이 가장 작은 공룡은 최근 중국에서 화석이 발견된 미크로랍토르예요. 이 공룡은 깃털로 덮인 두 쌍의 날개가 있어서 공룡이 새의 조상이라는 학설에 중요한 뒷받침이 되었어요. 몸길이는 80센티미터예요.

브라키오사우루스

카마라사우루스

마멘키사우루스

기가노토사우루스

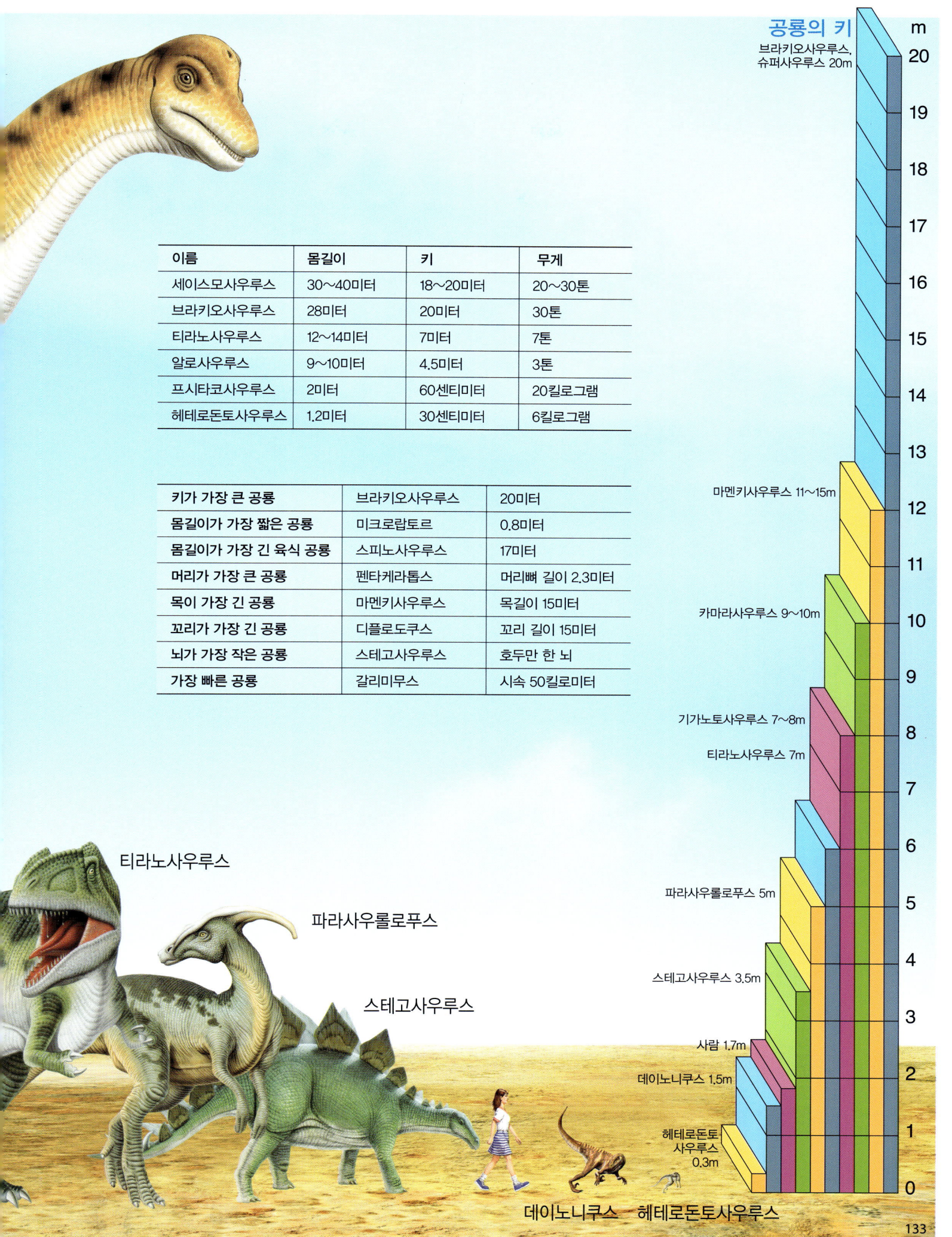

이름	몸길이	키	무게
세이스모사우루스	30~40미터	18~20미터	20~30톤
브라키오사우루스	28미터	20미터	30톤
티라노사우루스	12~14미터	7미터	7톤
알로사우루스	9~10미터	4.5미터	3톤
프시타코사우루스	2미터	60센티미터	20킬로그램
헤테로돈토사우루스	1.2미터	30센티미터	6킬로그램

키가 가장 큰 공룡	브라키오사우루스	20미터
몸길이가 가장 짧은 공룡	미크로랍토르	0.8미터
몸길이가 가장 긴 육식 공룡	스피노사우루스	17미터
머리가 가장 큰 공룡	펜타케라톱스	머리뼈 길이 2.3미터
목이 가장 긴 공룡	마멘키사우루스	목길이 15미터
꼬리가 가장 긴 공룡	디플로도쿠스	꼬리 길이 15미터
뇌가 가장 작은 공룡	스테고사우루스	호두만 한 뇌
가장 빠른 공룡	갈리미무스	시속 50킬로미터

공룡 시대의 다른 동물들

어룡·수장룡도 공룡인가요?
바닷속에 살았던 어룡과 수장룡은 공룡이 아니라 바다 파충류예요. 바다 파충류는 크게 수장룡, 어룡, 바다도마뱀 등으로 나뉘어요. 이들은 바다와 육지를 오가며 살다가, 몸이 바다에 완벽하게 적응한 거예요. 바다에서는 부력 때문에 육지에서 필요한 에너지의 1/4 정도만으로도 살아갈 수가 있었어요. 또 엄청난 몸집을 유지할 먹이가 육지에 비해 바다에 더 많았기 때문에 바다에서 살게 된 거예요.

바다 파충류가 익룡을 잡아먹었다고요?
수장룡 중에 목이 가장 길었던 엘라스모사우루스는 사나운 성격으로 더 널리 알려져 있어요. 목뼈가 무려 70개가 넘는 엘라스모사우루스는 주로 물고기나 오징어를 먹으며 살았어요. 하지만 배가 고프면 수면 가까운 곳까지 올라와서 8미터나 되는 긴 목을 쭉 뻗어 하늘을 나는 익룡을 단숨에 낚아채 삼켰어요.

익룡은 공룡인가요?
익룡은 공룡이 아니라 파충류예요. 익룡은 두껍고 긴 날개가 있었는데, 네 번째 손가락이 날개를 지탱해 주는 뼈대 역할을 했어요. 익룡은 빠르고 힘차게 하늘을 날아다녔어요. 가장 잘 알려진 프테라노돈은 이빨 없는 부리로 물고기를 잡아먹고 살았답니다.

그 밖의 다른 생물들
중생대에는 공룡 말고도 다른 파충류들이 매우 많았어요. 트라이아스기 후기에는 테랍씨드라고 알려진 포유 동물 모양의 파충류로부터 포유동물이 출현했어요. 맨 처음 포유류는 쥐만 한 크기였는데, 쥐라기 후기로 접어들면서 고양이만 한 몸집으로 변했어요. 또한, 익룡과 어룡 이외에도 악어와 거북, 뱀과 도마뱀이 살았어요. 바다에서는 무척추동물이 크게 번성했어요. 특히 암모나이트는 중생대에 가장 번성했던 중요한 생물 중 하나였어요. 물이 따뜻한 얕은 바다에는 산호가 번성했고, 단세포 동물인 유공충이 풍부해졌어요. 하지만 중생대 말에 이르러 공룡과 익룡, 그리고 어룡과 암모나이트는 물론, 일부 어패류와 부유성 유공충은 지구상에서 영원히 사라졌어요.

어룡의 알 화석
어룡 중에는 배 속에서 미리 알을 부화한 후 새끼를 낳아 기르는 종류도 있었어요. 사진은 어룡의 알 안에서 아직 부화하지 않은 새끼 어룡 화석이에요.

돌을 삼킨 바다 파충류가 있어요?
크리프토클리두스는 가늘고 긴 이빨을 그물처럼 이용해 새우와 작은 물고기를 잡아먹었어요. 이들의 길이는 대략 4미터 정도였는데, 물에 잘 뜨는 특성이 있었어요. 그래서 물속으로 잠수하려면 바닷가까지 헤엄쳐 나가 돌을 삼킨 다음 되돌아왔어요.

크리프토클리두스의 뼈 화석

크로노사우루스
바다의 난폭자. 몸길이 9미터, 몸무게는 3톤. 목이 짧은 수장룡 중에서 가장 컸어요. 날카롭고 억센 이빨로 같은 바다 파충류는 물론, 공룡도 잡아먹었어요.

이크티오사우루스
눈과 감각이 매우 발달한 어룡. 겉모습은 물고기처럼 생겼지만, 몸의 구조는 공룡에 가까워요. 배 속에서 알을 부화시킨 다음 새끼를 낳았어요. 피부는 부드럽고 비늘이 없었어요.

엘라스모사우루스
수장룡 중에서 목이 가장 길어요. 목의 길이가 8미터로 몸을 두 번이나 감을 수 있을 정도였어요.

하늘을 나는 익룡

해남이크누스 Haenamichnus
우리나라 전라남도 해남에서 발자국을 처음 발견해서 우리말 이름이 붙여졌어요. 날개를 펼치면 경비행기와 맞먹을 정도로 큰 익룡이에요.

식성 육식 **살던 곳** 한국
시대 백악기 말기
몸길이 10∼12미터
몸무게 70킬로그램

프테라노돈 Pteranodon
머리에 커다란 볏이 있고, 아래턱에는 펠리컨처럼 주머니가 있었어요. 이가 없고, 머리는 가벼웠어요. 날개가 커서 바람을 타고 하늘을 날았어요.

식성 육식 **살던 곳** 미국, 영국
시대 백악기 말기 **몸길이** 7∼10미터
몸무게 15∼25킬로그램

디모르포돈 Dimorphodon
바다쇠오리와 비슷하게 생긴 익룡이에요. 익룡 중에서는 작은 편으로 네 발로 걸을 수도 있었어요.

식성 육식 **살던 곳** 영국
시대 쥐라기 초기
몸길이 75∼120센티미터
몸무게 8∼12킬로그램

바다도마뱀·바다거북·시조새

아르케옵테릭스 Archaeopteryx

새와 공룡의 특징을 모두 가지고 있는 시조새예요. 이 시조새 덕분에 공룡이 진화하여 새가 되었다는 것을 알 수 있어요. 새처럼 날지는 못하고 나무에서 나무로 날개를 펼치고 바람을 이용해 잠깐 동안 날았어요.

식성 잡식 **살던 곳** 독일 **시대** 쥐라기 말기
몸길이 35~50센티미터 **몸무게** 300~500그램

메트리오린쿠스 Metriorhynchus

땅에서 살던 악어에서 진화한 바다악어예요. 암모나이트, 커다란 물고기, 익룡 등을 먹어 치웠어요. 알을 낳을 때나 햇볕을 쬘 때 육지로 올라 오기도 했어요.

식성 육식 **살던 곳** 영국, 프랑스, 칠레
시대 쥐라기 중기 **몸길이** 3미터 **몸무게** ?

모사사우루스 Mosasaurus

겉모습은 물고기를 닮았지만 뼈 구조는 도마뱀과 비슷해요. 큰 이빨과 강한 턱으로 커다란 물고기나 오징어, 작은 어룡 등을 잡아먹었어요. 바다에서 새끼를 낳았어요.

식성 육식 **살던 곳** 네덜란드 **시대** 백악기 말기
몸길이 9~17미터 **몸무게** 6~13톤

공룡의 멸종

1억 6000만 년 이상 지구를 지배했던 공룡!
그 놀랍고도 신비한 공룡이 6500만 년 전 갑자기 지구상에서 사라졌어요.
지금은 화석으로만 볼 수 있는 암모나이트 같은 중생대의 많은 동물들도
이때 함께 사라져 버렸지요. 과연 공룡은 왜 갑자기 멸종했을까요?
아직 정확한 원인은 밝혀지지 않고 있어요.
다만 몇 가지 추측을 해 볼 뿐이지요.

운석충돌설

운석충돌설은 지름 10킬로미터의 거대한 운석이 지구와 충돌했을 것이라는 주장이에요. 충돌 지점으로부터 반경 수백 킬로미터까지는 모든 것이 다 타 버렸을 거예요. 게다가 엄청난 폭발 에너지와 함께 많은 먼지가 하늘로 올라가 오랫동안 햇빛을 막아서 지구는 핵겨울 같은 상태가 되었을 테지요. 그래서 광합성을 하지 못한 식물들이 먼저 얼어 죽고, 먹이가 없어진 초식 공룡과 육식 공룡이 차례로 죽어 지구의 정복자였던 공룡들이 결국 사라졌다는 주장이에요. 그것이 사실이라면 지구에는 지름 100킬로미터, 깊이 40킬로미터의 거대한 웅덩이가 생겼을 거예요. 실제로 지름 수백 킬로미터의 거대한 운석 구덩이가 멕시코에서 발견되었어요. 이 구덩이는 운석충돌설을 뒷받침해 주는 훌륭한 증거랍니다. 최근에는 당시 떨어진 운석이 하나가 아니라 여러 개라는 주장도 있어요.

화산활동설

공룡의 멸종과 거의 같은 시기에 지금의 인도에서 엄청난 규모의 화산 활동이 시작되었어요. 폭발은 수백만 년 동안 계속되었지요. 이때의 화산 폭발이 일어났던 자리가 바로 인도의 데칸고원이에요. 그 결과 화산재와 용암, 그리고 먼지와 가스가 하늘을 뒤덮어 태양을 가리게 되었고, 지구의 기온은 크게 떨어졌지요. 식물이 얼어 죽고, 먹이가 없어진 초식 공룡과 육식 공룡이 차례로 죽는 바람에 결국은 운석충돌설과 같은 결과가 나타났을 것이라는 주장입니다.

환경변화설

중생대 말기에 지구 환경은 크게 변했어요. 대륙이 서로 분리되면서 산맥이 생기고, 해수면이 변하기도 했지요. 이런 기후와 환경의 변화에 공룡이 적응하지 못하고 멸종했다는 주장이에요. 백악기 말기에 들어서면서 공룡의 먹이였던 겉씨식물이 줄어들고, 대신 꽃이 피는 식물이 번성함에 따라 공룡이 멸종했다는 주장도 있습니다. 또는 공룡이 알에서 깨어날 때 온도가 낮으면 태어난 새끼가 모두 한 가지의 성별만을 갖게 되어서 멸종할 수밖에 없었을 것이라고 주장하는 과학자도 있답니다.

마지막까지 살아남았던 공룡

대부분의 공룡들은 6500만 년 전, 한꺼번에 지구에서 사라졌어요. 하지만 파키케팔로사우루스, 티라노사우루스, 파라사우롤로푸스, 트리케라톱스 등은 멸종 이후까지 살아남아 있었어요. 그중에서도 파라사우롤로푸스는 거의 모든 공룡이 지구상에서 자취를 감춘 이후로도 무려 2000만 년 이상 살아 움직였다고 하니, 정말 대단한 생명력을 가진 공룡이지요?

파키케팔로사우루스 / 티라노사우루스 / 트리케라톱스 / 파라사우롤로푸스

용어 설명

각룡류
머리에 뿔이 있고, 머리 뒤에 뼈로 된 목장식이 있는 공룡이에요. 부리가 앵무새 부리처럼 생겼고, 대부분 네 발로 걸어 다닌 초식 공룡이에요.

검룡류
등에 뼈로 된 커다란 판이 솟아 있었던 공룡이에요. 꼬리에 창처럼 뾰족한 가시도 나 있었던 초식 공룡이에요.

겉씨식물
밑씨가 씨방 안에 있지 않고 드러나 있는 식물이에요. 꽃잎은 없어요. 소나무, 소철, 잣나무, 전나무, 은행나무 따위 등이 있어요.

고생대
지질 시대의 구분에서 원생대와 중생대 사이의 시기예요. 지금부터 약 5억 7000만 년 전부터 2억 4000만 년 전까지를 말해요.

곡룡류
작고 딱딱한 뼈로 된 판이 거의 배를 제외한 온몸을 덮고 있었던 공룡이에요. 네 발로 걸었어요.

공룡
'공룡'이란 '무서운 도마뱀'이라는 뜻이에요. 파충류로 척추와 네 다리가 있었어요. 온몸이 물에 젖지 않는 비늘로 덮여 있었고, 알을 낳았어요. 땅 위에서만 살았어요.

무척추 동물
척추를 갖고 있지 않은 모든 동물을 통틀어 무척추 동물이라고 해요.

백악기
지질 시대는 크게 선캄브리아대, 고생대, 중생대, 신생대로 나뉘는데, 이중 중생대는 다시 트라이아스기, 쥐라기, 백악기로 나뉘어요. 백악기는 약 1억 4500만 년 전부터 6500만 년 전까지의 시대예요.

소철
사계절 푸른 상록수로 열대 지방에서 자라요. 야자수, 고사리와 비슷해요.

속씨식물
꽃식물 가운데 밑씨가 씨방 안에 싸여 있는 식물이에요. 밤나무, 국화, 벼, 백합 등 대부분의 종자식물이 속씨식물이에요.

수각류
사나운 육식 공룡이에요. 두 다리로 걸었으며, 속이 텅 빈 뼈와 빨리 뛰기에 알맞은 발가락, 날카로운 이빨, 갈고리처럼 생긴 강력한 발톱이 특징이에요.

수장룡
중생대에 물에 살던 파충류예요. 다리가 변해서 지느러미발이 되었고 헤엄은 앞지느러미발로 쳤어요. 목이 길기도 하고, 짧기도 했어요.

시조새
중생대 쥐라기 시대에 살았던 동물로, 새의 조상으로 추정하고 있어요. 조류와 파충류의 중간형으로 하늘을 날지는 못하였어요.

신생대
중생대에 이어지는 가장 새로운 지질 시대. 약 6500만 년 전부터 현재까지의 시대를 이르며, 그 말기에 인류가 나타났어요.

어룡
중생대에 물에 살던 파충류예요. 물고기처럼 생겼어요. 다리가 지느러미로 변했고, 지느러미 또는 지느러미와 유사한 날개를 가졌어요. 헤엄은 꼬리지느러미로 쳤어요.

용각류
네 발로 걷는 몸집 큰 초식 공룡이에요. 목과 꼬리가 길고, 머리는 작았어요.

용반류
공룡을 골반 모양에 따라 분류했을 때 골반이 도마뱀과 비슷한 공룡이에요. 대부분 거대한 육식 공룡들은 용반류에 속해요.

육식 공룡
먹이로 다른 동물의 고기를 먹는 공룡이에요.

익룡
날개가 있어서 날아다니는 파충류를 말해요.

조각류
발이 새를 닮은 공룡이에요. 몸집이 작았고, 대부분 두 발로 걸었지만 이구아노돈처럼 몸집이 큰 조각류 공룡들은 두 발로 걷기도 했어요.

조반류
공룡을 골반 모양에 따라 분류했을 때 골반이 새와 비슷한 공룡이에요. 대부분 초식 공룡들은 조반류에 속해요.

중생대
지질 시대의 구분에서 고생대와 신생대 사이의 시기예요. 지금부터 약 2억 4500만 년 전부터 약 6500만 년 전까지예요. 공룡과 같은 거대한 파충류가 번성하였어요. 중생대는 트라이아스기, 쥐라기, 백악기로 다시 나뉘어요.

쥐라기
중생대를 다시 셋으로 나누었을 때 가운데에 해당하는 지질 시대예요. 약 1억 8000만 년 전부터 약 1억 3500만 년 전까지의 시기예요.

지질 시대
지구가 생긴 이후부터 역사 시대 이전까지의 시대로, 땅속에 있는 동물의 화석을 기초로 하여 시대를 구분한 거예요. 크게 선캄브리아대, 고생대, 중생대, 신생대로 나뉘어요.

초식 공룡
먹이로 나뭇잎이나 나무줄기, 열매 등을 먹는 공룡이에요.

트라이아스기
중생대를 다시 셋으로 나누었을 때 첫 시대예요. 약 2억 4500만 년 전부터 약 2억 1000만 년 전까지의 시기예요. 파충류, 암모나이트, 겉씨식물이 번성하고 포유류가 나타났어요.

파충류
피가 차갑고, 피부가 건조하며, 비늘이 있는 동물이에요. 뼈로 된 판을 달고 있기도 해요.

포유류
피가 따뜻하고 털이나 솜털이 덮인 동물이에요. 폐로 숨을 쉬고, 새끼에게 젖을 먹여요.

화석
옛날 식물이나 동물의 흔적이에요. 땅속에 남아 있어요.

찾아보기

ㄱ
갈고리 발톱	82
갈리미무스	88
고생대	14
공룡 기네스	132
공룡 배설물 화석	131
공룡 시대	12
공룡의 멸종	138
공룡의 종류	18
공룡의 키	133
기가노토사우루스	90

ㄷ
달리기 선수	88
데이노니쿠스	92
디모르포돈	136
디크레오사우루스	42
디플로도쿠스	44
딜로포사우루스	46

ㄹ
레소토사우루스	22
루펜고사우루스	24
리오자사우루스	26

ㅁ
마멘키사우루스	48
머리뼈 화석	39
메갈로사우루스	50
메트리오린쿠스	137
모사사우루스	137
미크로랍토르	94

ㅂ
바다거북	137
바다도마뱀	137
바다 파충류	134
바리오닉스	129
백악기	15, 86
벨로키랍토르	96
브라키오사우루스	52

ㅅ
슈노사우루스	54
스켈리도사우루스	56
스테고사우루스	58
스테노니코사우루스	83
스티기몰로크	98
시노케라톱스	100
시조새	137
신생대	14

ㅇ
아르케옵테릭스	137
아크로칸토사우루스	102
아파토사우루스	60
안킬로사우루스	104
알로사우루스	62
에오랍토르	28
엘라스모사우루스	135
오르니톨레스테스	64
오리주둥이 공룡	86, 130
오비랍토르	106
용반류	18, 38
운석충돌설	138
위석	131
육식 공룡 먹이	128
육식 공룡 특징	82
육식성	128
이구아노돈	108
이크티오사우루스	135
익룡	136

ㅈ
잡식성	128
장골	39
조반류	18, 39
좌골	39
중생대	14
쥐라기	14, 40
지구	14
지질 시대	14

ㅊ
초식 공룡 먹이	130
초식 공룡 특징	84
초식성	128
치골	38, 39

ㅋ
카르노타우루스	110
카마라사우루스	66
케라토사우루스	68
켄트로사우루스	70
코엘로피시스	30
콤프소그나투스	72
크로노사우루스	135
크리올로포사우루스	74
크리프토클리두스	134

ㅌ
타르보사우루스	112
테논토사우루스	114
테리지노사우루스	116
테코돈토사우루스	32
투오지앙고사우루스	76
트라이아스기	14, 20
트루돈	118
트리케라톱스	120
티라노사우루스	122

ㅍ
파라사우롤로푸스	124
파키케팔로사우루스	126
판게아	14
판달랏사	14
폭군 도마뱀	129
프테라노돈	136
플라테오사우루스	34

ㅎ
해남이크누스	136
헤레라사우루스	36
헤테로돈토사우루스	78
혹투성이 갑옷	85
화산활동설	138
화석	38
환경변화설	138
휴양고사우루스	80

공룡의 세계 분포도

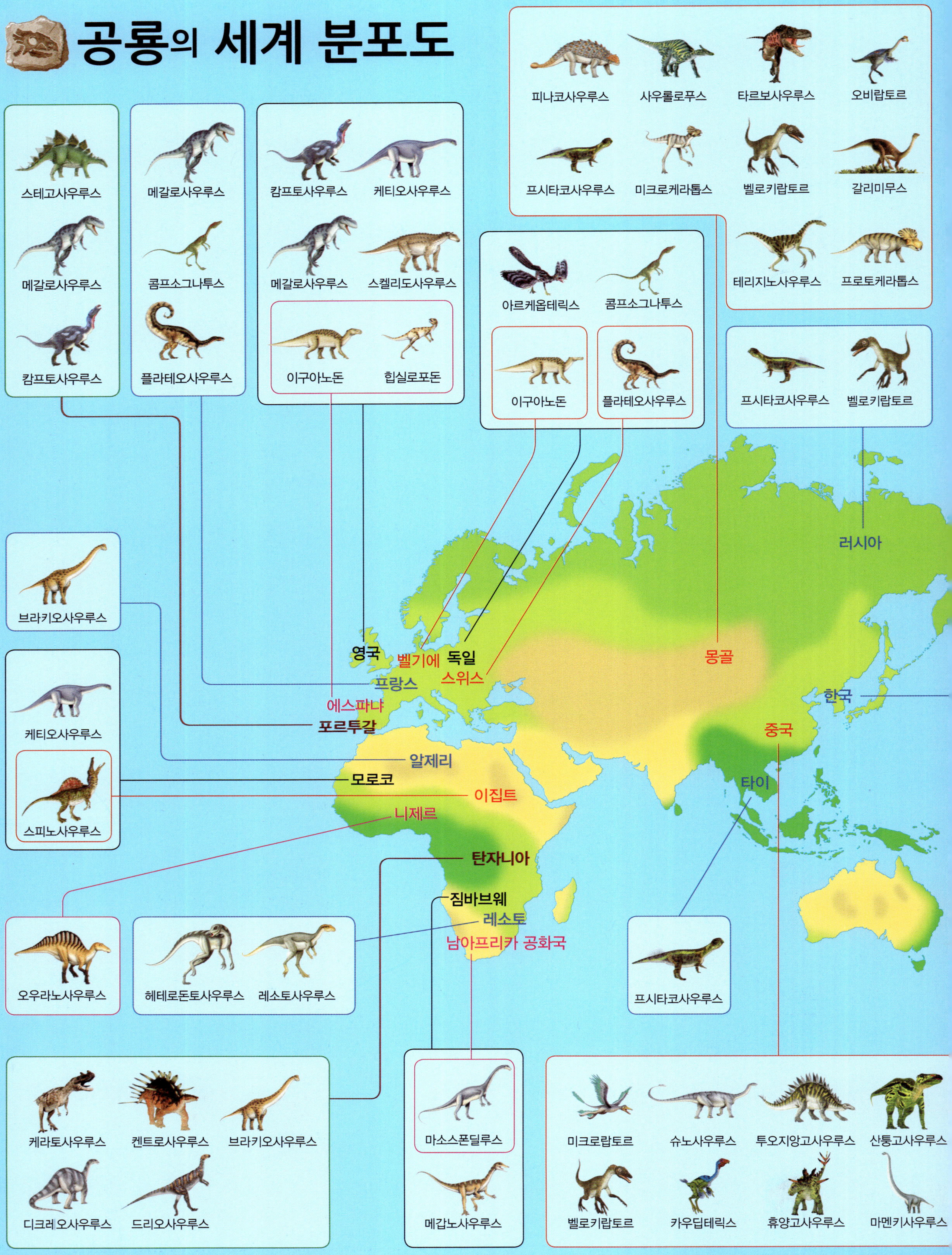